危険感受性をみがく

―ライン管理者の実践ノウハウ―

Nakamura Masahiro
中村 昌弘 著

中災防ブックス 005

発行者：中央労働災害防止協会

はじめに

本書は初版以来、好評をいただきながら重版を重ねてきましたが、このたび新装改訂版への変更に際して、その後に知見した最近の安全管理活動の手法も取り入れて、加筆・修正を加えて改訂しました。

幸いなことに、住友金属工業㈱（現・新日鐵住金㈱）において、技術者として製造現場の管理を担当した後、安全衛生スタッフの責任者として、製鉄所や本社で鉄鋼製造や建設工事の安全衛生管理を担当し、さらに協力会事務局の仕事にも従事するなど、多くの部門での実務体験を通して学ばせていただいた、安全管理活動をゼロ災害に役立てるための実践ノウハウを、まとめてご紹介させていただくことにしました。

危険に対する感受性をみがく必要性は、ＫＹＴを創出した直後から感じていましたので、取り扱う機器や物質などに対する知識を高めたり、個々人の思考を深めて物と人の両面から潜在危険を摘出するために、危険の型別に自問する「かもしれカード」を作ったり、危険洞察力を向上させる訓練や「問いかけ指導」（問いかけＫＹ）を開発するなどに努めてきたところです。

かねてから、多くの職場で行っているKY活動や各種安全活動が形骸化して、安全の先取りに役立っていないといった指摘をよく耳にします。とりわけ、近年発生している災害は、不安全な行動に起因するものが多く、現業部門の管理者が日頃の現場の実態に目を向けて潜在する危険を洞察していれば、防げたものばかりであるといっても過言ではありません。

日頃から現場で現物を見ながら「設備や機械はどのような動きをするか？　職場の環境や自然環境によってどのような異常な状態が生じそうか？　これらの物の動きや環境の変化の中で、人はヒューマンエラーをすることを念頭において、どのような行動をしそうか？」などを思考して、潜在危険を洞察することが大切です。

この洞察を適切に行うためには、自身の安全意識を高めるとともに、設備の構造やはたらきと原理、取り扱う物質の特性と有害性、人間の特性などを知っておかなければなりません。日頃から、これらのような努力を重ねることが、危険に対する感受性をみがくことに大変役立つのです。

安全管理で大切なことは、事業場の業種や規模にかかわらず、①災害ゼロが継続すること、②災害ゼロでなくても災害が年々着実に減少することです。災害が増加するということでは、管理に欠陥があるということです。

経営者とともに管理者や監督者・作業者のそれぞれが、立場・持場に応じて災害防止のために自分は何をなすべきかを自覚し、日々の現場の実態に目配りをして危険有害な要因を排除することが災害防止に欠かせません。

筆者の実務体験と、最近も多くの事業場に伺って得た事柄から、できるだけ実例を入れて、平易な表現で手軽にお読みいただけるように心掛けました。

本書を「生かせるか？」ではなく「どう生かすか？」の視点でお読みいただいてヒントを得ていただき、職場の実態に合った効果的な取り組みによって、長期ゼロ災害の実績に役立てていただければ幸いです。


ご安全に！

平成三十年四月

中村　昌弘

目次

第三章　職場安全活動に魂を入れる

第四章　ライン管理者に必要な心掛け

第一章　安全最優先に心を込める

一　一人ひとりの家族を含めた幸せのために

安全・安心の社会を

私たちは日常の仕事や私生活の中で、どれくらい危険を予知して行動しているでしょうか。生活水準が高まり大変便利な生活ができるようになった反面、仕事や私生活の随所に危険が潜んでいることを、日頃はほとんど意識していない人が意外に多いのです。

国民は一人ひとり孤立化して、自分の身を守ることにきゅうきゅうとし「生きるためには何をしてもかまわない」「他人は自分の利益を得るための道具」といった、悲しむべき風潮まで生まれつつあるように感じる昨今です。

助け合ってきた隣近所の人間関係も、安らぎを得るはずの家族関係もますます希薄になりつつあり、一瞬にして憎しみに変わったことによる凄惨な悲劇も続発しています。かつて生じた学校における児童殺傷事件や一家殺害事件などは、人々を震撼させました。

さらには、牛肉や野菜、魚貝類などの産地偽装や、食品の賞味期限の改ざんなどの問題もクローズアップされるなど、食の安全が脅かされる事件もありました。

交通災害についても、不注意や違反行為、追突などによる大事故や飲酒による事故などが報じられ、事業場においても大事故や大火災など、重大災害も後を絶ちません。

近年発生している事故や災害のほとんどは、危険に対する感性を高めれば防ぐことのできたものばかりではないかと私は考えています。

近年は、安全を最優先した経営姿勢のもと、危険のない職場づくりが求められています。一人ひとりが、安全・安心の社会と安全な職場づくりのために、どうあるべきかを見つめ直して、危険に対する感受性をみがいて潜在する危険要因を排除するための行動に移したいものです。

ゲマインシャフトの心を大切に

私たちは、多種多様な人間のつながりと集団の中で生活しています。

もし親子という集団がなかったら、われわれはこの世で成長することができないでしょう。また、成長して大人になっていく過程でも、遊び仲間、学校、職場、地域社会など、さまざまな人間集団に属し、そこから受ける影響は計り知れないものがあります。

人間は集団（社会）なしには生きていけないし、人間はもともとそういった社会的側面を抜きにしては考えられません。同時に集団（社会）もまたわれわれ人間なしには成り立ちません。そして、普通、人間は自覚しているよりも、ずっと多くのさまざまな集団に属し、そこで何らかの役割を果たしています。

例えば、ある人は家族の一員であるとともに、企業人や職場人として、また労働組合員として、さらに学校の同窓会、県人会、山登りの仲間、ゴルフ仲間、釣り仲間などであったりもします。

このように個人を中心にして考えると、さまざまな集団が一人の人間をめぐって存在しているのです。しかし集団といっても、それぞれの集団には、目的や性格、規範（ルール）が違っていることに気付くことと思います。

集団の分け方にはいろいろな方法があります。そのうち結合の動機から分けたのが、ドイツの社会学者テンニース（F. Tennies 一八五五～一九三六）で、社会集団の類型を次の二つに区分しています。

① ゲマインシャフト（Gemeinschaft）＝共同社会
主として、愛情や情誼から成立する社会集団、民族共同体をいう。
（家族・村落・仲間・村や町などの地域社会）

② ゲゼルシャフト（Gesellschaft）＝利益社会
主として、利益・利害打算や契約などによって成立する社会集団をいう。
（会社・労働組合・政党・学校・文化団体など）

人間社会における営みは、古代社会から現代社会まで、社会の発展に対応して生活の仕組みや生活内容が変わり、人間の社会生活も大変複雑になるとともに、その属する集団も多くなりました。

さらに、その属する集団の性質も昔のような家族・親族・村落など、ゲマインシャフトを中心とした同質集団の社会から、次第に学校・企業体・研究機関・官庁・公共企業体など、ゲゼルシャフトを中心とした社会と深いかかわりを持つようになっています。

テンニースが「社会は歴史的にゲマインシャフトからゲゼルシャフトの時代に移行する」と言ったように、日本でも近年の文化的で豊かな生活の中で、国民の意識の重点はゲゼルシャフト（利益社会）へと大きく変わってしまい、本来はゲマインシャフトであるべき家族関係についても、ゲゼルシャフトの意識がはびこってきているように思えてなりません。

経済のグローバル化による競争の激化や雇用の流動化が進んでいることなどによって、

職場においても、昔に比べて人間関係がドライになってきたとの指摘が少なくありません。

家族関係とともに職場の人間関係についても、権利と義務を超えて深い愛情と信頼の下、暖かい人間的繫がりでお互いに助け合って、すべての人が家庭生活においても仕事の場においても幸せを享受したいものです。

天国も今秋ですか

ある事業場で労働災害による死亡災害が発生しました。

翌年、遺族として残された小学生が学校で書いた作文の中に、次のような一節が記されていたそうです。

「天国も今秋ですか、お父さん」

被災者が勤めていた職場の管理者が、この作文を見せられて大変心を痛め、災害はあってはならないということを肝に銘じたとのことです。

親を亡くした子供にとっては、親はいつまでたっても在りし日の思い出になることはなく、深い悲しみとともに心の中に生きているのです。

家族にとって惜別の思いは、いつまでたっても消え去ることはないということを忘れてはなりません。

一万分の一の話

一万人の従業員が働いている事業場であった話です。

この話は、中災防（中央労働災害防止協会）の三代目理事長をされた北川俊夫さんが、K社で実際にあった事例を紹介されたものです。かなり古い話ですが、一人ひとりの家族を含めた幸せのために、災害防止の必要性を心に訴える実例として、心のこもった安全管理の必要性について、心に深く感銘を受ける話なので、ここで改めて紹介します。

労働災害によって死亡した遺族宅へ、お詫びと弔問のために勤労部長が伺いました。乳飲み児を抱き、膝には上の子供がまつわりついている状態で、畳に座ったままの奥さんは涙もかれて、うなだれたままでした。

小一時間が過ぎたので、勤労部長がそろそろ失礼しようと思いました。

そのとき、奥さんが「いま会社には何人の方が働いているのですか？」と尋ねました。

「一万人です」と答えると、その奥さんは「私の主人が亡くなったということは、会社にとっては一万分の一を失ったということですね。しかし私は人生のすべてを失いました」とつぶやいたのです。奥さんにとっても、残された二人のお子さんにとっても、かけがえのない人を失ったのです。

その深い悲しみの一言を聞いて、勤労部長は頭をハンマーでぶたれた思いがし、労働災害の防止に対する考え方を一変させたのです。

勤労部長は、従業員の一人ひとりはそれぞれの家族にとってかけがえのない存在であり「人生のすべてである」という、生命のかけがえのなさこそ安全管理活動の原点であることに気付いたのです。この災害をきっかけに、一人ひとりの家族を含めた幸せの維持を念頭に置いて、心のこもった安全管理を進めた結果、その後この事業場は無災害時間の世界記録を達成したのです。

わが子を亡くした父親の願い

ある工場で、災害によって独身の息子を亡くした父親の気持ちを紹介しましょう。

製造品種が変わるため、六人の作業者で高さが二メートル余りある、製造機械の調整をしていました。

たまたま、被災した作業者が作業中にスパナを落としたのです。

運悪くスパナが、製造機械の周囲に設けている敷き板と機械の隙間から、深さが二メートルほどの地下室に落ちてしまいました。

地下室には、製造機械を稼働するための油圧ユニットや潤滑油ポンプ、油圧や圧搾空気によって作動するシリンダーなどがたくさん設置してあり、しかも、いろいろな機器が輻輳しているので危険なために「責任者の許可なく絶対に入ってはいけない」と取り決めて、入り口には柵を設けて表示もし、みんなにも周知していました。

したがって、地下室へ立ち入るとき以外は地下室の照明灯を消していたのです。

ところが被災した作業者が、落としたスパナを拾ってこようとして、無断で製造機械の後方にある入り口から地下室に入ったのです。

製造機械の調整が終わったので、責任者の指示により機械の運転を再開しました。

みんなは被災者がいないことに気付いたのですが、トイレにでも行ったのだろうと思っていました。

しかし、しばらくしても戻ってこないので、機械を止めて居場所を探すこととなりました。

なかなか見つからず「もしや地下室に入ったのでは？」と思って地下室を調べたところ、シリンダーによって作動するアームに腹部をはさまれていたのです。

被災者は暗い地下室の中で、機械と敷板の隙間から漏れているかすかな光によって、落ちているスパナを見つけたので、シリンダーアームの作動部分に潜ってスパナを拾おうとしたとき、シリンダーが作動したためにはさまれたようです。

葬儀を済ませた後、職場の管理者が遺族である父親を被災現場に案内して、お詫びとともに災害の発生状況を説明したところ、父親から「私の息子が、誰でも知っていて当然守らなければならない、基本的なルールを守らなかったのですね。誠に申し訳ありませんでした」と、思いがけなく謝罪の言葉が返ってきたのです。父親は取り乱すことなく、被災状況を冷静に受け止めてくれました。

しかし引き続いて、次のような気持ちを披瀝されたのです。

「私の息子がルール違反をしたのは、被災したときだけでなく、日頃からいろいろなルール違反をしていたと思う。職場には管理者や監督者など責任者の方々がおられるでしょう。日頃からルール違反に対して、厳しく是正させるための指導をしてほしかった」と。

これが、わが子を亡くした父親の率直な気持ちではないでしょうか。父親は息子の性格が分かっていたから、このような言葉が出たのでしょう。

その後この工場では、この地下室の入り口の扉を施錠することにしたそうです。

現業部門の管理者とともに監督者は、不安全な行為ができないように、設備対策を優先して実施するとともに、一人ひとりの知識や技能とともに性格についても把握して、個々人の特性に合わせて日頃の個別指導を怠らないようにしなければならないといった、反省をさせられる災害でした。

発生した災害に対する管理・監督者の反省

管理者や監督者の安全研修会で、自分が責任者として担当している職場で災害が発生した経験のある方に「発生した災害に対し職場の責任者として、どのような気持ちを持ったか？」を尋ねると、多くの方から「日頃から、ルール違反や不安全行動に対して厳しく指導しておけばよかった」といった反省の言葉が聞かされます。

災害が発生した直後や過去に発生した災害を思い起こしたときに、このような反省の気持ちを新たにします。しかし、日頃の職場管理の中では、生産や工事を円滑に進めること、品質の確保やコストダウンに対しては強く意識しますが、安全配慮についてはつい怠ってしまいやすいのが多くの実態ではないでしょうか。

近年は、叱れる管理者や監督者が少なくなったといった悩みをよく耳にします。危険な行動やルール違反を繰り返すような人には、厳しく叱ることができる管理者や監督者でなければ、物事を徹底させるための指導力も、発揮できないのではないでしょうか。

右腕をなくした不自由な生活

店でトンカツを食べていると、六〇歳を超した夫婦が入ってきました。

主人は三〇歳くらいのときに、機械にはさまれて右上腕部を切断したそうです。夫婦の前に注文した二皿のトンカツが、それぞれに置かれました。

すると奥さんが、主人の前に出されたトンカツを、ナイフとフォークで小さく切ってあげました。主人は、左手に持ったフォークをトンカツに刺して口に運んでいました。ごく自然なしぐさでした。

この様子を見て「あのご夫婦は三〇歳の頃から今までの長い間、夫婦ともども、いろいろな面で不自由な生活をしてきたし、これからも不自由な生活をしなければならないんだな」と感じつつ、五体満足で生活できる自身の幸せを実感し、死亡災害は論外ですが、少なくとも残存障害が残るような災害は、何としても出してはならないものだと改めて認識したのです。

私たちは日頃、残存障害による不自由な生活を想像することはほとんどありません。もし自分や自分の家族が労働災害によって残存障害が残れば、どのような不自由な生活をしなければならないかを想定して、安全を最優先した職場管理により安全作業を定着させたいものです。

災害が発生すると

災害は職場の人たちに大きなショックを与え、職場の空気は一転して暗くなり、「どうしてけがをしたのだろうか?」「けがの程度は?」と、みんなの気持ちは動揺します。他の職場でも災害の発生を嘆き、類似災害防止の取り組みが行われます。

災害を出した職場では、他職場にも迷惑をかけた責任を極めて痛切に感じざるを得ません。さらに作業を止めて、被災者の家族への連絡、入院の手伝いや付き添い、現場確認や調査のために立ち入る方々への応対や説明、災害原因の検討や再発防止対策の実施、安全管理や活動の見直しなど、災害を起こした職場の関係者は多忙を極め、沈痛な思いで本来の仕事を犠牲にして、大変な労力を費やして対応しなければなりません。

まして人命にかかわる災害ならば、災害を起こした職場の責任者は、少なくとも三カ月間くらいはほとんど仕事が手につかなくなります。

行政当局から罰せられたり、後々、被災者側から損害賠償を請求されることにもなりかねません。それ以上に、それぞれの家族にとって、かけがえのない人を不幸にした精神的な苦痛は大変なものとなります。

災害によって生じるこのような大きな負担を、精神的な苦痛を伴うことなく、経済的負担が少なくて済む災害防止の努力におきかえたいものです。

災害のない職場づくりに心を込める

研修会などで「私たちは、なぜ働くのか?」という質問を投げかけると、ほとんどの方から「生活のため」といった答えだけが返ってきます。

私たちは会社の仕事を通して、製品やサービスを世の中に提供して、社会に貢献しているのです。

確かに現代は、昔の刀鍛冶や弓矢作りなどのように、一人の人間が最初から最後まで製品の製造を担当し、それを相手に手渡して感謝してもらうといった、喜びを肌身で感じることはほとんどありません。

しかし高度に発達した現代の文明社会では、それぞれの人間が専門に分かれて、無数の分業により作業を積み上げて、偉大な事業を成していることを思い起こすべきでしょう。

一人ひとりが、それぞれの役割を自覚して、より良い製品やサービスを、より安く、社会に提供する意識に徹して、誇りと自信を持って日々の仕事に励むことが望まれます。

「仕事は人を育てる」とは昔からよく聞く言葉です。

しかし、ただ漫然と、あるいは嫌々やっていては、仕事は人を育ててくれません。

仕事こそ、人間に与えられたかけがえのない尊いものであることを認識して、自己に与えられた仕事に全身全霊を打ち込んで励むとき、仕事は知らず知らず自身を育んでくれるのです。職業を意味するドイツ語のベルーフ（Beruf）や英語のコーリング（Calling）は、いずれも語源的には神から呼び出されたもの、〝召されたもの〟という意味があります。

職業とは、そのような神から与えられたものという考え方、さらに職業を人間完成の重要な契機にせよという倫理的な考え方が、底流に存在するといわれています。

しかし、労働の目的の原点は生活のためであるので、みんなの努力によって企業が適正な利潤をあげなければなりません。

企業で働く人は、どんな立場の人であっても、適正な労働条件の下で働いて適正な賃金をもらい、自分と自分を取り巻く家族の幸せを維持し、より高めることが、最も基本的な労働の目的でありましょう。

企業経営も、経営者とともに従業員の幸せを維持し、より高めることができてこそ、地域社会や国家に貢献できるのです。

しかしながら災害は、被災者とその家族の幸せを根底から破壊し、けがの程度によっては、その個人と家族を最大の不幸に陥れ、経営と労働の基本的な目的が共に達成されなくなるのです。災害は絶対にあってはならないし、みんなが力を合わせればゼロ災害を続けることはできるのです。このことは、経営者と管理者・監督者が共に理解しているだけでなく、日常の仕事の中で心しながら、心のこもったホンネの安全管理をしなければ成し得ないということを銘記すべきでしょう。

安全の確保のためには、法律などで規制されているからやるというだけではなく、一人ひとりが大切なのだといった人間尊重の気持ちを強く持って、全員参加による心のこもった安全管理活動が求められます。

一人ひとりは、それぞれの家族にとって「かけがえのない人」なのですから。

二　実践の徹底なくしてゼロ災なし

個に目を向けて実践の徹底を

立派なことを決めたり、多くの時間と労力や費用をかけて、いろいろな職場安全活動を行っていても、事故や災害が起こるようでは、それぞれの努力が空しいものとなります。

安全管理活動は「立場・持場に応じた毎日の作業の中での実践活動」でなければ、ゼロ災害を続けることはできないのです。

毎日の作業の中に、必要な安全配慮を仕事そのものとして組み込んでこそ実績に結びつくのであり、経営トップから個々の作業者に至るまで、すべての人がそれぞれの立場・持場に応じて、なすべきことを毎日の仕事の中で、根気よく確実に実践することが欠かせません。

ゼロ災害を続けるには、すべての職場のすべての人が、実践を徹底しなければなりませんが、どのようなことでも実践の徹底を図るためには大変な困難が伴います。

管理者や監督者は、日頃の職場管理の中で「徹底」という言葉をイージーに使い過ぎていないでしょうか。ミスをすれば「今後徹底します」と決意を表明したり、安全衛生計画でも「〇〇の徹底」という文字をよく使っています。

徹底するということは、すべての人がきちんと実践することであり、一人でも実践しなければ徹底したことにはならないのです。一つの事を徹底するためには、大変な根気と努力が必要です。

しかし、ゼロ災害を続けるには徹底を図らなければならないので、いろいろ取り組んでいる安全活動の中から、当面、徹底を図る活動を重点に取り組まざるを得ません。

そして管理者が、個々の職場や個々人に目を向けて、レベルが低い職場や人に対し、どのように手を差し延べて指導すればよいかを工夫しながら、底上げに努めることが肝要です。

実行計画を入れた安全衛生計画づくりを

どこの事業場でも、毎年の安全衛生計画を作成しており、トップの方針と、安全水準のレベルアップを図るために、各職場で取り組むべき具体的な項目が示されています。しかし、多くの取り組み項目を列記しているだけでは、それぞれの職場において「誰が・いつ・どのように進めるか」についての認識が個々に異なってしまい、どうしても職場間のレベル差が生じてしまいます。

そして一年たって次年の計画づくりをするときに、年初に提示したほとんどの取り組み項目が、中途半端な状態に終わっているといった反省をし、また翌年も同じような計画を作成するといったことになるのです。

安全衛生計画に取り上げた実施項目ごとの目標と、月別に展開した実行計画を作って、計画的に推進することにより、すべての職場での安全実力を高めたいものです。

計画として取り上げたすべての実施項目ごとに、月別に展開した実行計画を作ると、すべての項目を着実に実践するには意外と負荷が大きすぎるために、取り上げたすべての項目について、机上で描いたようには実践できないことを実感できます。

計画は絵に描いた餅になってはなりません。実施項目を絞り込むことが大切です。

平成十九年十月に改訂出版した中災防発行の小著『安全衛生計画のたて方と活かし方』で、労働安全衛生マネジメントシステムの主旨に沿うよう、実施項目ごとの目標を入れ、月別に展開した実行計画をたてて、四半期ごとに進捗状況をチェックする方法も取り入れて紹介しています。

研修後は実行計画づくりを

多くの安全研修では、今後の取り組むべき事柄について、グループ討議で話し合った結果を模造紙などに書いて格好よく全体発表しています。

研修を受けているときは、講義やグループ討議などで学んだことを職場で実践しようと思います。しかし職場に戻れば、日々の生産や工事の進捗など、責任者としての多忙な仕事が待ち受けているので、研修会で今後取り組もうと思った事柄は忘れてしまって、実践に結び付かないまま日を重ねてしまいやすいのです。

このような効率の良くない研修を改善して、研修の成果を日々の仕事の中で意識して実践することに役立てたいものです。

そのためには、研修で気付いた事柄から自身が当面実践する事柄を決めて、意識して取り組むことが必要です。しかし実践しようと思う事柄は、項目だけを決めても具体性に欠けるため、適切な実践に結びつきにくいので「何を・いつ（いつまでに）・どのように」をイメージして、具体的な実行計画を決めておくことが大切です。

そこで近年、筆者が行っている監督者の安全研修では最後に、各人が職場で今後実践する事柄を一～三項目取り上げて、簡潔に記入した具体的な実行計画書を作ってもらうことにしています。

そして一人ずつ、前に出てみんなに力強く宣言してもらうのです。昔は不言実行が美徳とされていましたが、今は有言実行の時代です。みんなに「自分はこうする」と宣言すると、これが自己規制となって、実践しなければならないといった意識を高めます。

そして職場に戻れば、上司に研修結果を報告するとともに、研修会で宣言した実行計画書を見せて決意を表明した後、日頃よく目につくように机上に置いたり掲示板に掲示するなどして、日々意識して実践するように心掛けるのです。実行計画書はきれいなまま残す必要はないので、毎月末に実践状況をチェックして、進捗状況や今後の心掛けなどを朱記します。

このような実行計画づくりを入れた研修は大変好評で、監督者に対する研修で必ず行っていますが、最近は管理者に対する研修にも取り入れています。

形作って魂を入れる

安全活動を格好よく行っていても、手段と目的を誤ると、事故や災害の防止に役立っていないといった状況になりやすいのです。

いろいろな安全活動を、事故や災害の防止の実績に結び付けるためには、手段と目的を間違えないようにしなければなりません。

例えば、指差し呼称は、単に大きな動作と大きな声で行っていればよいというものではないのです。指差し呼称をするのは手段であって、目的は作業の要所要所で安全な状態であるかを確認することであり、「きちんと確認しているか?」が重要なのです。きちんと確認して、安全な行動に役立つ指差し呼称でなければ、指差し呼称を行う意味がありません。

危険予知活動を行うのも手段であって、目的は個々人の危険に対する感受性を高めるとともに、全員参加によって安全を先取りすることです。リスクアセスメントは、リスクレベルを評価して記録を作成するのが目的ではなく、リスクレベルの高いものを優先して、設備や作業方法を改善するのが目的です。

また多くの職場では、単位作業ごとに作業手順書を作成していますが、作業手順書を作りさえしておけばよいというものではありません。多くの作業手順書を作成していても、ファイルしたままで実際の作業行動に生かされていないといった状況では意味がありません。

作業手順書を作成するのは手段であり、みんなが作業手順書通りの正しい作業方法で作業するのが目的なのです。

これらのように、それぞれの安全活動について、手段と目的を誤らないように心掛けて、目的に合った取り組みをすることが大切です。

近年は多くの職場において「安全活動がマンネリ化している」「形式化している」といった問題がよく指摘されています。

安全活動についても、教育や訓練によって「あるべき姿」の基本を知って身に付けて、毎日の仕事の中で実践しなければなりません。しかし、いつまでたっても教えられた通り行っているのでは、活動がマンネリ化して災害の防止に役立たなくなります。

まず、教えられた基本通りにやってみる。そして活動に魂を入れるために、自分たちの職場の実態に合わせて、知恵を出しながら工夫を凝らすことが大切なのです。

「継続は力なり」といわれますが、小さな改善を重ね続ける「継続的改善」が大切なのです。

安全の指摘に弁解は不要

安全診断で指摘された不安全に対し、現状を肯定する気持ちが強くなって、職場の実情から不安全にならざるを得ない理由などについて、言い訳をする監督者が少なくありません。

職場の責任者として、指摘を素直に受け止める謙虚さが必要ではないでしょうか。

安全診断のときだけではなく、見学にみえた学生や一般の人たちから「あの作業は危ないのではないですか?」といった感想を聞いたとき、内心「ムカッ」として「失礼なことを言う」とか「職場の実態を知りもせずに余計なことを言わないでほしい」といった、反発の気持ちを持ちやすいのです。

より安全な職場づくりのために、「人皆師なり」を心して、第三者の指摘についても「指摘していただいてありがとう」といった、感謝の気持ちで受け止めてメモしておき、後で職場のみんなで検討して、必要だと認めた改善を積み上げることが大切です。

また、安全診断に同行される、現場担当の管理者や監督者が、個々の現場の指摘される事柄に対して納得するものの、全くメモしない方が多いのです。

診断者が後で、指摘事項をレポートにまとめて提出してくれるからといった気持ちでメモしないのでしょうが、この姿勢が安全に対する熱意の希薄さを暴露しているのです。

指摘事項の数が少なければ覚えておけますが、指摘事項が多くなれば後になってかなり忘れてしまいます。せっかく指摘してもらったのですから、謙虚に受け止めてすべての指摘事項をメモしておくことが大切です。

現場の実態を最もよく知っているのは、その職場を担当している管理者や監督者ですから、すべてメモしておいて、後で職場の関係者で検討して必要な改善をすればよいのです。どのような指摘であっても、必ずメモすることを心掛けたいものです。

安全管理・活動にも知恵を

ある事業場に伺ったときのことです。

社長室の隣の会議室に、次のような文言を大きい紙に書いて掲示していました。

「知恵を出せ・知恵のない者は汗を出せ・汗も出ない者は去れ」と。

厳しい企業競争に打ち勝って、企業を存続させるための経営者の悲痛な思いをその言葉から感じました。

「三本の矢」に例えて、三人の息子の結束を高めた毛利元就が、幼少の頃に、出雲の国主

であった尼子経久から教えられた「謀《はか》りごと多き者は勝ち、少なき者は負ける」を座右の銘として実践したことによって、中国地方を制覇したことは有名です。

現代は、謀りごとで勝ち抜く時代ではありません。

経済のグローバル化による厳しい企業競争に勝ち残るためには、汗を流しているだけでなく、みんなで知恵を出し合って業績をあげなければなりません。このことは安全管理の在り方や、職場で取り組んでいる安全活動についても同様です。

安全管理の仕方や取り組んでいる職場安全活動を、事故や災害の防止に一層役立てるために、みんなで知恵を出し合って工夫することが大切です。

アポロ11号から学ぶ

一九六九年に打ち上げられたアポロ11号が月面に着陸したときは、世界中の人々が驚愕させられました。

N・アームストロング船長が月面に降り立ったときに「これは一人の人間にとって小さな一歩だが、人類にとって偉大な飛躍である」と語った言葉が、今も耳に焼きついているほど大きな出来事であり、兎が餅つきをしている月を眺めて情緒に浸っていただけの私たちも、月の石を見ることができました。

当時の朝日新聞は、極めて高度な技術の集積である宇宙ロケットが開発できたのは、発明や発見によるものでなく、次の二つの事柄によるものだと報じていました。


その一つは、世界中の各分野で開発されてきた技術を、ロケットに"Build in"（組み込む）したことである。
もう一つは、基地でロケットの開発にかかわっていた人たちが、顔を合わせると必ず“May I Help You?”という言葉を交わしていたことである。
高い Build in の技術と、目的達成のために関係するすべての人が、積極的に協力し合う風土が成功につながった。

これらのことは、私たちの職場でも教訓にしたいものです。日頃の生活の中で、何気なく見聞きしている中に、職場の設備や作業方法の改善に役立つヒントを見いだせることが意外に多いのです。

日常生活の中で見聞きしたことや、新聞やテレビの報道、子供の一言などにも、貴重な情報があります。そのためには、常に問題意識を持っていることが大切です。

安全管理活動や作業現場の安全対策についても同様に、感性を高めて他社や他の事業場を見学したときや、日頃見聞きすることからヒントをつかんで、より効果のあがる活動になるよう工夫したいものです。

三　まず災害ゼロの実績を

わが子を思う親心の気持ちへの目覚め

ある夏のこと、幼稚園児であった娘が転んで膝に擦り傷を負ったのです。極めて軽度であったのですが、かすかに血が滲んでいました。

それを見たとき筆者は、心臓に針を刺されるような痛みを覚えたのです。

そのとき、これが「わが子を思う親心」だ。それぞれの従業員には、けがをすれば心臓に針を刺されるようなつらい思いをして、生涯にわたって苦しみを共有しなければならない家族がいるのだ。職場の責任者として、一人ひとりの家族を含めた幸せを念頭においた職場管理をしなければならないと悟ったのです。

当時、筆者が担当していた現業課には、社員が七〇〇人、協力会社の方が三五〇人で、一〇〇〇人余りの方が働いていました。

作業手順書づくりや指差し呼称、ヒヤリハット報告活動など、安全活動についても工夫を凝らしながら大変熱心に取り組んでいたことによって、この一〇〇〇人余りの現業課の災害は年々減少していました。しかし休業災害ゼロの年はなく、不安全な行動による休業災害が毎年一～三件発生していたのです。

災害が発生すると、真剣に再発防止対策を検討するとともに、課の安全会議や翌月初めの全員朝礼で、災害防止の必要性を切々と訴えて、安全最優先の行動をするように厳しく指示をしました。

しかし翌日からは、生産や品質については関心を示して具体的に指示するものの、安全については特に問題が生じなければ具体的に関心を示しませんでした。

娘の膝の擦り傷をきっかけにして、自分の日々の安全管理の在り方を強烈に反省したのです。

安全最優先の姿勢を言動で示す

そこで筆者は、安全最優先を具体的に言動で示す方法として、次の三つの事柄について日々心掛けたのです。

一つは、毎日一回は安全について必ず口にする。

二つは、職場の人たちから安全上の問題を提起されたら、必ず改善のための具体案を示す。

三つは、安全活動の進め方や、設備や作業方法の安全面について改善したとの報告を受けた場合は、その後、現場へ行ったときに、改善が適切であるかを自ら確認する。

この三つの事柄を心掛けた結果、筆者が安全に対して非常に熱心だと職場の人たちが感じたのです。

すると、職場のみんなの安全意識が格段に高まって、安全活動にも積極的に取り組むとともに、安全を配慮した作業を心掛けるようになり、協力会社の人たちも含めて軽微な災害もなく、初めて暦年ゼロ災害が達成でき、みんなが揃ってゼロ災害の幸せを実感することができたのです。さらに驚いたのは、ゼロ災害を達成できただけでなく、品質が向上して不良が激減し、大変大きな利益をあげることができたということです。

安全を心掛けて作業するということは、常に正しい方法で作業するのでミスがなくなり、安全面だけでなく品質面にも大変寄与するということを実証でき、さらに管理者として「自分が変わればみんなが変わる！」ということも実感しました。

ところが、翌年に取り返しのつかない失敗をしたのです。

暦年ゼロ災害が達成できたことによって、職場の安全実力が高まったと過信してしまい、翌年に入ると以前のように、再び安全に対する関心をほとんど示すことなく過ごしたのです。すると、職場の人たちの安全意識は徐々に低下して、半年余りたって不安全な行動による災害が発生し、自己の日頃の安全管理の在り方に悔いを残すことになりました。

安全管理には油断は禁物であり、「継続は力なり」を思い知らされました。

ビールは目に染みる

プロ野球の優勝チームは、祝賀パーティーでのビールかけが恒例のようで、かつては、その様子がテレビでしばしば放映されました。

このビールかけでいつも思い起こしたのは、かつて暦年無災害を達成したときに、筆者がビールをかけられた嬉しい体験です。

住友金属工業（現・新日鐵住金）の和歌山製鉄所で安全衛生課長をしていた頃でした。ある年の初めに、現業各課で安全衛生を担当している係長クラスの安全衛生主任指導員の皆さんと約四〇人で安全祈願に詣でたとき、みんなに「今年は、ぜひ一年間無災害の実績を作ろうじゃないか。暦年無災害ができれば一席設ける」と提案しました。

すると、「ヨシ！　我々の努力で暦年無災害を成し遂げよう」と、自発的に意思結集してくれました。そのとき、ある人から「そのときはビールをかけさせてほしい」との言葉に、

ＯＫと言わざるを得ませんでした。

その後は、みんなが日々の現場の実態に目を向けて指導するとともに、いろいろと知恵を出し、工夫して提案してくれ、その提案を他の部門に紹介すると、それぞれの課において積極的に水平展開をしてくれました。みんなの意思結集によって、日々着実に実践してくれていることを頼もしく思いました。

地道な泥臭い努力の積み上げによって、その年は製鉄所が創業して以来、初めての暦年無災害が達成できたのです。

年が明けて、ささやかでしたが開催したパーティーの席で、本当にビールをかけられたのです。

みんなからかけられたビールでスーツがびしょ濡れになりながら、ビールが目に染みた痛さの中で感じたのは、製鉄所のみんながけがのない幸せな一年を送ることができた喜びと、本気で取り組んでくれたみんなに対する感謝の気持ちでした。ビールは「飲めばうまいが、目に染みると痛い」を実感した幸せは今も忘れることができません。

集団として挑戦する具体的な目標を示して、みんなの意思を結集させて、挑戦の過程でみんなで知恵を出し合って実践すれば実績が伴うという、貴重な体験をさせてもらいました。

設備の安全対策はどこまで

新幹線の三島駅から北の方を眺めると、「東レ総合研修センター」が見えます。一九九六年に東レが一〇〇億円を投資して造ったそうです。

当時の平井克彦社長が新聞社のインタビューで「会社が社員にできる投資は教育であり、金さえあれば設備投資に回す素材メーカーの性癖を考えれば、いかに教育に力を入れているかわかってもらえると思う」と述べておられました。

さらに「経営幹部研修として一つ上の役職の研修をすることによって、より高い見識と経営の難しさを肌で感じるように心掛けている」とも述べておられました。「企業は人なり」を大切に人材育成を怠らず、健全な経営に寄与している企業と推察しています。

研修センターができて間もなく、この研修センターで開催された協力会社幹部による安全大会での講演に招かれたことがありました。

その講演後に、ある経営者から「安全を確保するには、設備の本質安全化を優先して、エラーをしても災害にならないようにすることが大切であるが、設備面ですべてのエラーをカバーできる安全対策は現実に不可能であり、企業であるから採算を度外視した投資はできない。設備の安全対策はどこまでやればよいのでしょうか？」との質問がありました。

この質問に対して筆者の実務体験から、

一つ目は、自分が経営者としてどうするか？

二つ目は、職場で働いている人たちが、自分の家族ならどうするか？

という二つの視点を両立させるために、自分はどうしなければならないかを考えて、個別に対応するのが現実的な対応方法であると答えました。

ある設備が不安全なので、安全対策を実施しなければならないが、多額の費用がかかるとします。業績が良ければ投資できるでしょう。しかし赤字経営ならば、経営責任者として投資することに苦悩します。

どこの事業場でも、改善しなければならない不安全な設備のリストアップをすれば、意外に多くの不安全個所が提起されるのが実態です。ですから設備改善を計画的に進めることは大切ですが、リストアップした多くの不安全な設備に対して、経営実態を無視して次々に投資することはできません。

一方、自分の家族が働いているなら「改善は困難だから気を付けるように」といって済ますことはできないでしょう。

そこで、安くできる改善方法はないかと工夫することになります。さらに取りあえずどうするかを考えて、今すぐできる安全対策を実施するとともに、常に作業者に対する気配りをして注意を喚起するでしょう。

このことは、ライン管理者についても同様で「自分が経営責任者ならどうするか？」と「担当職場の人たちが自分の家族ならどうするか？」の視点で、個々の不安全な設備への対応を検討すれば、実現可能な対策が見つかります。

管理者が錯覚しやすい六つの思い込み

ライン管理者は安全管理について、次のような六つの誤った思い込みをして、つい机上の管理に陥ってしまいやすいのです。

これらの思い込みをなくして、個々人や作業現場の日々の実態に目を向けた、きめ細かな安全管理が欠かせません。

①　健康への思い込み

「作業者は常に心身共に健康な状態で仕事をしている」といった思い込みです。

私たちは、いつも心身の調子が良いわけではありません。休まなければならない状態ではないものの、風邪を引くこともあり睡眠不足の日もあります。腰痛の人や胃の調子が良くない人がいたり、いやなことや心配ごとがあって気分がすぐれないといった、心の健康状態が良くない日もありましょう。

心身共に健康な状態と休まなければならない病気の間に、これらのような心身の半健康状態の人が四〇％もいるといわれています。

作業中に、胃が痛み出したり気になることを思い出したりすると、そのことを意識するために、作業や安全に対する注意力が低下します。

これらのように、心身の半健康状態が作業中に不注意を招いてエラーをし、ときには災害を誘発することになります。健康は自己管理が基本です。

監督者による毎日の健康確認によって、当日の適正配置をしたり、生活指導により健康の自己管理意識を高めて、心身の健康維持に努めさせることが大切です。

② 注意への思い込み

「作業者は、安全に対しても常に注意しながら作業している」といった思い込みです。ですから不注意によってけがをすると、なぜ注意をしなかったのかと当人の不注意を責める気持ちを持ちやすいのです。

私たちは心身共に健康な状態でも、常に高い注意力を持ち続けることはできず、高い注意力を持続できる時間は、一勤務の中でせいぜい二〇〜三〇分くらいだといわれています。まして疲れているときなどは注意力が極端に低下することを、誰でも経験しています。

人間は不注意をするものだといった認識を持って、高い注意力でなくても安全に作業できる作業環境づくりや作業方法について工夫し改善することが必要です。

③ 常識への思い込み

「これくらいのことは常識として知っているから守ってくれる」といった思い込みです。

近年発生している災害の多くは、安全に作業するための常識として知っている、当たり前のことが守られていないことによるものです。

いろいろな原因によって、当たり前のことを守れないことが意外に多いのです。

個々人の安全意識を高めて、当たり前のことを当たり前に実践する人づくりが大切です。

④　教育への思い込み

「安全教育で教えたことは、作業中に必ず実践してくれる」といった思い込みです。

集合教育によって安全意識を高めたり、安全な作業方法について具体的に教えたりします。そして作業に必要なことは教えたから、作業中に実践してくれると思い込んでしまいやすいのです。

しかし集合教育で教えたことが、なかなか日々の実践に結びつかないのが多くの実態です。

安全教育で教えたことを実践してくれなければ、安全教育を行ったとはいえません。

教育後の実践に対する、日々のフォローアップ指導が欠かせません。

⑤　指示への思い込み

「指示をしたことは必ず守ってくれる」といった思い込みです。

誰でも、上司から指示されたことは守らなければならないと思っています。

しかし指示されたことが、いろいろな原因によって守られていないことが大変多いのです。

災害が発生したときに、上司が「先日指示したのに守っていない」と叱ることもまれではありません。

作業者に対して、安全面だけでなく生産面の指示など、日頃実に多くの指示をしていますが、いろいろな指示をしても、すべてが守られているわけではないということを認識して、指示したことを実践しているかを、作業中に確認しなければなりません。

⑥　文書への思い込み

「必要な事柄は文書によって通達すれば、みんなが実践してくれる」といった思い込みです。多くの事業場では、災害が発生したりすると、幹部名で類似災害の防止対策について通達を出しています。

この文書は各職場に配布され、職場では監督者がみんなに紹介して、掲示しておくといったことがよく行われています。ところが、文書で通達したことが守られていないために、災害が発生することがよくあるのです。

「書き物にして通達したから大丈夫だ」といった思い込みは禁物で、実践状況を確認することが大切です。

日々の現場の実態に目を向ける

毎月行われている事業場の幹部による安全巡視でよく見られるのは、その場だけの対応です。それぞれの職場では、巡視の直前に総力をあげて整理・整頓・清掃を行って、巡視者を受け入れます。

巡視の着眼点として、指差し呼称を取り上げていると、巡視中は、みんなが大きい動作で大きな声を出して指差し呼称します。そして巡視が終わると、職場の責任者は「講評はどうであったか？　指摘事項はなかったか？」を大変気にして上司に確認し「指摘事項はなく、なかなかよくやっていると褒めてもらった」と聞くと満足します。

ところが、その後は整理整頓を心掛けて作業するのでなく、しばらくすると日頃の状態に戻ってしまい、指差し呼称も巡視者に見せるだけに終わって、巡視後は指差し呼称をしている人は、ほとんど見当たらなくなりやすいのです。

このような、安全巡視で評価をしてもらうだけの取り組みでなく、安全巡視を受け入れるために作りあげた「あるべき姿」を、日常の作業の中でどのように維持するかを考えて、日頃の実態をレベルアップする努力をすべきです。

安全巡視では、「日常の状態をそのまま見てもらえばよいので、手を加える必要はない」といった考えの人も一部におられますが、巡視の受け入れに際して「あるべき姿」を作りあげて、その良い状態を日常どのようにして維持するかが大切なのです。

協力会社も自主的安全管理を

① 業種・規模にかかわらずゼロ災害を

かねてから、ライン主体の安全管理が強調されています。

この思想は、製造業などの親企業と協力会社の関係についても同様で、親企業は協力会社に対して作業間の調整だけでなく、協議会の設置と運営、作業場所の巡視、安全衛生教育の指導援助その他、連携を密にした安全管理をしなければなりませんが、一方、協力会社には親企業に依存するだけでなく自主的な安全管理が求められています。

これらのことは建設現場においても同様で、近年は協力会社の自主的な安全管理を定着させることが重要視されています。

しかし建設業については、二次や三次などの下請負いをしている協力会社の人たちの災害が多いことと、小規模の建設現場ほど災害が多いといった現実を直視しなければなりません。

建設現場は、作業現場の状況が毎日変わり、高所や地下など危険性の高い場所での作業が多いとか、多くの協力会社の人が混在して作業するために、お互いの連携がまずくなりやすいなど、他産業に比べて安全管理が難しいという困難さはありますが、だからといって、災害がある程度発生しても仕方がないと片付けることはできません。

どのような小規模の現場でも、どのような仕事をしている人であっても、一人ひとりはそれぞれの家族にとってかけがえのない人なのですから、より安全な作業を目指して自主的な安全管理を進めなければならないのです。

②　自社責任の完遂を

建設現場では、安全衛生協議会や災害防止協議会などと名づけて、元請けが主催して毎月一回は、すべての協力会社の店社幹部も参加して、工事の進捗状況や今後の工事の各社間調整などが行われています。

多くの建設現場では、この協議会に先立って工事現場の安全巡視を行い、協議会で各巡視者から順次指摘事項を発表しています。

ある建設工事現場において、ある協力会社の店社の幹部が指摘事項を発表しました。作業用の足場板を縛っていないとか、アーク溶接機の二次側端子の絶縁テープが破れているために感電する危険がある、さらにアースを設置していないアーク溶接機もあるなど数件の指摘を、元請けに改善指導せよと言わんばかりに、大きい声で臆面もなく発表したのです。指摘内容は、すべて自社の従業員が行っている工事の不具合でした。

その自社の安全管理責任を全く感じていない指摘に対して、元請けの所長から「あなたが責任を持って自主的に改善しなければならない問題じゃないですか。なぜ放置しているのですか」と厳しく指導されたのです。ああ、お粗末。

指摘するのは結構ですが、自社の不具合ならば指摘した後「日頃のチェックと指導が不足していた。すぐ改善し、今後は安全チェックを充実します」といった、責任を持った発言が望まれます。

プロセス評価を優先すべきか

管理者から「災害が一件でも発生すると、安全管理がまずいからだと責められる。発生した災害の件数で評価するのではなく、どのような安全管理活動を進めているかといった、安全管理活動のプロセスを評価してほしい」という意見を聞きました。

また、安全指導をしている方から「急速に災害件数を減少させることを求めるより、安全管理のプロセスを良くすることによって、実力を高めることの方が大切だ」と聞いたことがありました。

果たして、これらのような考えで安全管理をしていてよいのでしょうか。

企業活動は、営業部門、生産計画部門、原料や資材の調達部門、生産や建設工事などの現業部門、製品管理部門、設計部門、設備の補修部門など、企業活動を円滑に進めるために、それぞれの部門ごとに与えられた役割を果たしながら、それぞれが機能することによって成り立っています。

それぞれの部門で時間と労力を費やして大変な努力をしていても、結果として適正な利潤をあげることができなければ、企業が生き残ることはできません。

企業活動では、常に採算性を考えながら仕事を進めることによって、適正な利潤をあげるという実績を優先しなければならないのです。

このように、実績に結び付けなければならないということは、安全管理活動についても同じです。

安全衛生管理組織をつくり、安全衛生委員会を開催したり責任者による安全巡視を毎月行っている。設備の本質安全化を進めたり、安全点検を計画的に実施している。ヒヤリハット報告活動や危険予知活動、リスクアセスメントなど、いろいろな安全活動を行っている。安全関係の書類も整備しているなど、大変な時間と労力を費やして安全管理活動に取り組んでいるが災害が減少しないといった状況では、これを評価すべきでしょうか。

プロセスが良ければ災害は減少するのです。災害が減少しないということは、プロセスが悪いからだと心得なければならないのではないでしょうか。

かつて筆者が事業場や会社全体の安全管理を担当したときに最優先したのは、今すぐ災害を防止するための施策の工夫と実践でした。

災害が発生している状況の中で、安全活動を充実すれば災害が逐次減少するのであるから、直ちに災害をなくすことより、安全管理活動のプロセスをレベルアップすることを優先すべきだとの考え方には、同調できなかったからです。

災害件数の減少よりもプロセスだけを重視している企業では、大切な家族を働かせることはできないと思ったのです。

一人ひとりの家族を含めた幸せを念頭におけば、今すぐ災害を防止する手立てを最優先で実施することによって、災害のない状態を維持しながら、安全管理活動のプロセスをレベルアップさせることが大切なのではないでしょうか。

安全管理活動も、企業活動の中で行っているのですから、いろいろな安全管理活動を行っていても、事故や災害防止の実績に寄与していなければ、安全管理の仕方や職場安全活動が効果的に行われていないということを銘記すべきでしょう。

第二章　危険を洞察する

一　人間の弱い特性と危険感受性の必要性

過去の災害の教訓が生かされていない

わが国は、二〇世紀半ばの敗戦によって国民生活が壊滅しましたが、その後の先輩たちの寝食を忘れた非常な努力によって、三〇年余りで世界に類を見ない高度経済成長を成し遂げ、豊かな物質文明を築き上げました。

昭和三〇年代後半から四〇年代にかけて、各企業はこぞって欧米の技術を取り入れながら、設備の大型化・高速化・自動化を進めました。その一方で高度経済成長を成し遂げた昭和四〇年代の後半から、各地でコンビナート災害が多発したり公害問題がクローズアップされました。

大規模な災害や公害問題の体験の中から、安全と健康に対する国民の意識が急速に高まり、その後は年を追うごとに、公害防止とともに「災害はあってはならない」といった意識が定着してきたのです。

昭和四七年に制定された労働安全衛生法で、事業場における安全管理や職場安全対策の在り方が具体的に示されたことによって、安全管理水準が格段にレベルアップしました。

高度経済成長を進めていた頃は、安全に対する知識とともに、近代化する設備に対する危険性や、新たに開発したり導入する物質の危険有害性に対する知識が乏しかったために、新たに発生する災害によって、安全と健康に対する配慮が欠けていたことを知るといった状況でした。

発生した災害に対して個別に原因が解明され、この積み上げによって危険有害性と災害防止対策に対する知識が高まりました。

近年の大規模な事故やそれぞれの事業場で発生した災害のほとんどは、過去の災害から学んだ災害防止対策の知識が実践に生かされていないものばかりで、多くの事業場で、過去の災害の教訓が生かされていないといった問題がクローズアップされています。

そのためにも日頃から、過去の災害を教訓にして危険に対する感受性をみがいておくことが大切です。

危険感受性の低下をもたらしたもの

①　遠隔監視や設備面の安全化

かつて長引いたデフレ不況の時期に、多くの企業で聖域なきリストラの名の下、部門を問わずダイナミックな省力化が進められました。

宿老の人が職場を去って人員の余裕がなくなった中で、若い人に置きかわるなどにより、技能や技術の伝承が不十分だとか、危険を見抜く眼力の低下も指摘されました。

設備は大型化し自動化する中で、人による目視点検から、センサーや工業テレビなどによる遠隔での監視や操作に変わり、限られたエリアについては状態を常時正確に把握できるようになりました。

しかし人には、目や鼻、耳、皮膚などによって、機械による監視で把握できない周辺の異常状態についても感じとれるという利点があります。

機械による遠隔監視は、人の五感によって把握できた周囲の状況変化による危険の兆候を、見逃しやすい面が生じがちになります。

一方、昭和四七年に制定された労働安全衛生法で、設備・環境の安全対策を優先することを事業者に求めたことによって、各企業では従来にも増して積極的に設備面の安全対策を進めました。その結果、一見して危険だと感じるような危険な個所が激減しました。

この法律とその後の民事裁判の判例から、安全環境づくりとともに作業者の不安全行動の防止に対しても、事業者責任を強調されていることが、その後の労働災害の着実な減少に寄与してきました。

　これらのように、作業現場における事業者責任の行為者である管理者や監督者にも、設備面の安全対策とともに不安全行動の排除義務も課した過保護的な安全管理が、作業者の危険に対する感受性を鈍らせる要因となってきたような感じを持たざるを得ません。

②　デスクワーク偏重

　昔は毎月のように災害が発生していた職場でも、近年では一〇年や二〇年以上、災害がないことが当たり前になっています。このように多くの職場では、災害の発生頻度は大変低くなっていますので、けがをしたり同僚のけがを直接見て、災害の悲惨さや怖さを実感する機会がほとんどありません。ですから、災害によって危険に対する感受性を身に付ける機会は大変少なくなっています。

　このことも、危険に対する感受性を乏しくしている一因ではないでしょうか。

　一方、かねて多くの企業で進められたリストラによって、監督者はネット化（作業者の一員として作業をしながら監督の業務を兼ねる）され、管理者もデスクワーク偏重の傾向が強まりました。安全最優先の経営方針が示されているものの、管理者や監督者が安全の目で現場をじっくりと見て、チェックする時間的余裕が少なくなっています。

これらの要因も、管理者や監督者とともに作業者の、危険に対する感受性を乏しくしているように思えてなりません。

職場の責任者は多忙ではあるけれども、自らの危険に対する感受性を高めて、できるだけ日々の現場の実態に目を向けて危険を洞察することが、大事故や災害の防止に欠かせません。

アベロンの野性児

人間は生まれたときから、文化環境の中で多くの教育を受けて育ちますが、もし動物と同じように他の人間や文化から全く離れて、つまり人間的なものと全く接触することなしに自然の中で育ったなら、どのようなことになるのでしょうか。

これを実験的に行うことは人道上許されませんが、たまたま何かの機会に親から離れて、自然の中で生活していた子供が発見されたことがあったそうです。

そうした子供について詳細な科学的記録をとったものは多くはありませんが、その一例として一七九九年にフランスのアベロンの森で捕えられた十一〜十二歳の少年の場合を見ると、少年は捕えられたときは全裸で、全身に二三カ所も傷跡があり、幼いころに親に捨てられたか、道に迷って、以降一人で森で育ったと推定されています。

この少年を引きとって、深い愛情を持って育てたある医師の、フランス政府に宛てた詳しい報告が残っているそうです。

これによると、〝少年の感覚は正常な人とははなはだ異なり、感情は粗野で知能も低かった。目は落ち着きがなく、大きな騒音に対しても、また美しい音楽に対しても無関心で、香水の良い香りにも自分のベッドにいっぱいたまっている汚物の悪臭にも、同じように平気であった。煮え立った湯から好物のイモをつまみ出しても別にやけどもしなかった。

自分の欲求が満たされると、もはや周囲にはなんの関心も示さず、他人や他の生物に対する同情の念も見られなかった。知能は高等動物以下と判定され、声も一定の喉頭音以外は出せず、言葉もついに話せなかった。〟

医師はこの少年を懸命に教育したのですが、四〇歳で死ぬまでに着衣の習慣を身に付け、簡単な言葉と文字を理解し、褒められたら喜び、叱られたら悲しむ感情が生じたぐらいがやっとだったとのことです。

この「アベロンの野性児」の話から、人間がもし文化環境から全く離れて育ったなら、動物と同じ存在にしかならないこと、また時期を失ってから後の教育はほとんど進歩が望めないことを教えています。

私たちが社会や集団から、いかに大きな恩恵と影響を受けてきたかが分かりますし、現に受けていることが実感できます。

赤ん坊は、タバコや硬貨、小さいおもちゃなどを口に入れたり、刃物を平気で触ったり、ストーブに触れたり、階段から転び落ちたりなど、ちょっと目を離すと、とんでもない危険なことをしてしまいます。

そして成長の過程で、熱い鍋や湯に触れたり、段差のある個所でつまずいたり、家具などで頭を打ったりするなどの痛い体験をして、危険を身体で覚えながら育ちます。

このように、私たちは生まれながらにして、危険を本能的に感じる能力を持っているのではなく、幼少の頃から長年にわたって、痛かったことや場合によってはいささかのけがを体験したり、見たり聞いたり教えられたりなどして、危険を体で覚えたり知識として身に付けてきたのです。

この蓄積が、現在の個々人の危険に対する感受性となっているのです。

幼少期から危険予知能力を

昼過ぎに郊外を走る電車に乗りました。乗客は少なくまばらで長椅子に座っていました。車内の向こうの方に、三〜四歳の子供を連れた母親が座っていました。車内には立っている人はなく、子供は広い車内をあちこちと動き回りだしたのです。電車が途中の駅に停車してドアが開きました。乗降客はいませんでした。子供は一人で、ドアが開いている乗降口に近づいたのです。

しかし母親は、椅子に座ったまま眺めているだけでした。母親の近くに座っていた男子中学生がそれを見て「危ない」と声をかけました。それでも母親は動こうとしませんでした。

その中学生が立ち上がって、子供を引き寄せようと近寄ったときドアが閉まりました。母親は、何事もなかったように平然としていました。この母親の、子供を育てる責任感のなさと危険に対する感受性のなさに驚くばかりでした。

また、歩道のない学童の通学路を、登下校時に車を走らせると大変怖い思いをします。車が近づいても平然として道を譲ろうとしません。あちこちと走ったりする学童もいますから危険極まりないのですが、学童に接触すると大変ですから、車の運転手は慎重に走行しています。

これらのように、公共の場でのマナーを具体的に教えない親が多いようです。電車の子供や登下校時の学童に見られるように、公共の場でのマナーを教えることもなく、危険を感じさせずに育った子供が成長して、母親や父親になって同じように放任で子供を育てるといったことを繰り返すのではないかと、危惧せざるを得ません。

かねて、中災防などの指導によって、学校で児童に対するKYTを取り入れたことは大変良いことですから、早急に全国のすべての学校に導入すべきではないでしょうか。併せて親の責任で、幼少の頃から危険に対する感受性をもたせることを、安全文化として定着させることが大切だと思うこの頃です。

錯覚しやすい間欠運転

多くの職場では、機械との接触防止のために、安全柵などを随所に設けています。かつてある事業場で、作業者が安全柵の中さんに登って、上部の間欠運転をしている機械の中に頭を入れて調子を見ていました。このとき本人は、一瞬、機械が止まっているものと錯覚して、稼働部分に頭を入れてのぞき込んでいたのです。のぞき込んでいたのは、五秒間程度のごく短時間でした。

調子を見ていたときに機械が作動したため、頭を強打し重傷を負ったのです。

安全柵に登ることは禁じられていたし、このような行為は全く予知していなかったので、この行為に管理者は大変ショックを受けました。

その後、いろいろなトラブルを想定して、安全柵に登る可能性のある個所に腰板を張って、手すりや中さんに足をかけられないようにしたのです。

作業中に、ふと危険を忘れたり錯覚することがあります。

設備の本質安全化を進めるとともに、決めたことしかできないように、設備面での対策を実施しておくことが大切です。

災害ゼロから危険ゼロへ

厚生労働省と中災防が主唱して、毎年七月一日から展開している全国安全週間の実施要領で、かつて、組織と個人が安全を最優先する気風や気質を育てていく安全文化の創造が大切であり、安全文化を創造し定着させていくためには、全員参加で安全が尊重される社風づくりに取り組むとともに、災害ゼロの状態であってもさらに進んで、職場に潜んでい

る危険性を、できるだけゼロに近づける努力を続けることが重要であると示されました。

示された実施要領は、精神論やかけ声だけに終わるのでなく実践に結びつけて、安全水準の向上に寄与させなければなりません。このような思いから、筆者は当時「職場の人たちが、毎日の作業の中で求める危険ゼロの職場とは、現実にどのような職場であろうか?」を、具体的に提示してあげることが必要と考えました。

そこで「危険ゼロの安全な職場」とは「ケガや事故がなく、常に危険要因を排除して作業している職場」と定義したのです。

リスクアセスメントを効果的に進めて、安全な作業環境づくりを進めながら、毎日の作業に際して生じるであろう、すべての危険要因を排除して作業することを定着させる、安全文化を構築することが大切です。

二　KYTからKYKへ

KYT（危険予知訓練）の創出

多くの事業場に普及しているKYT（危険予知訓練）は、「全員参加によって安全を先取りする」ために、住友金属工業（現・新日鐵住金）で創出されたのは周知の通りです。

鉄鋼業は、重量物や高熱物、多量の有害ガスの取り扱いなど、危険有害な作業が随所にあり、重篤な災害が発生しやすいために、昔から災害防止には格別熱心に取り組んできた業種です。ですから、安全管理体制の整備や設備面の安全対策を積極的に進めるとともに、

KYT創出のヒントになったイラスト

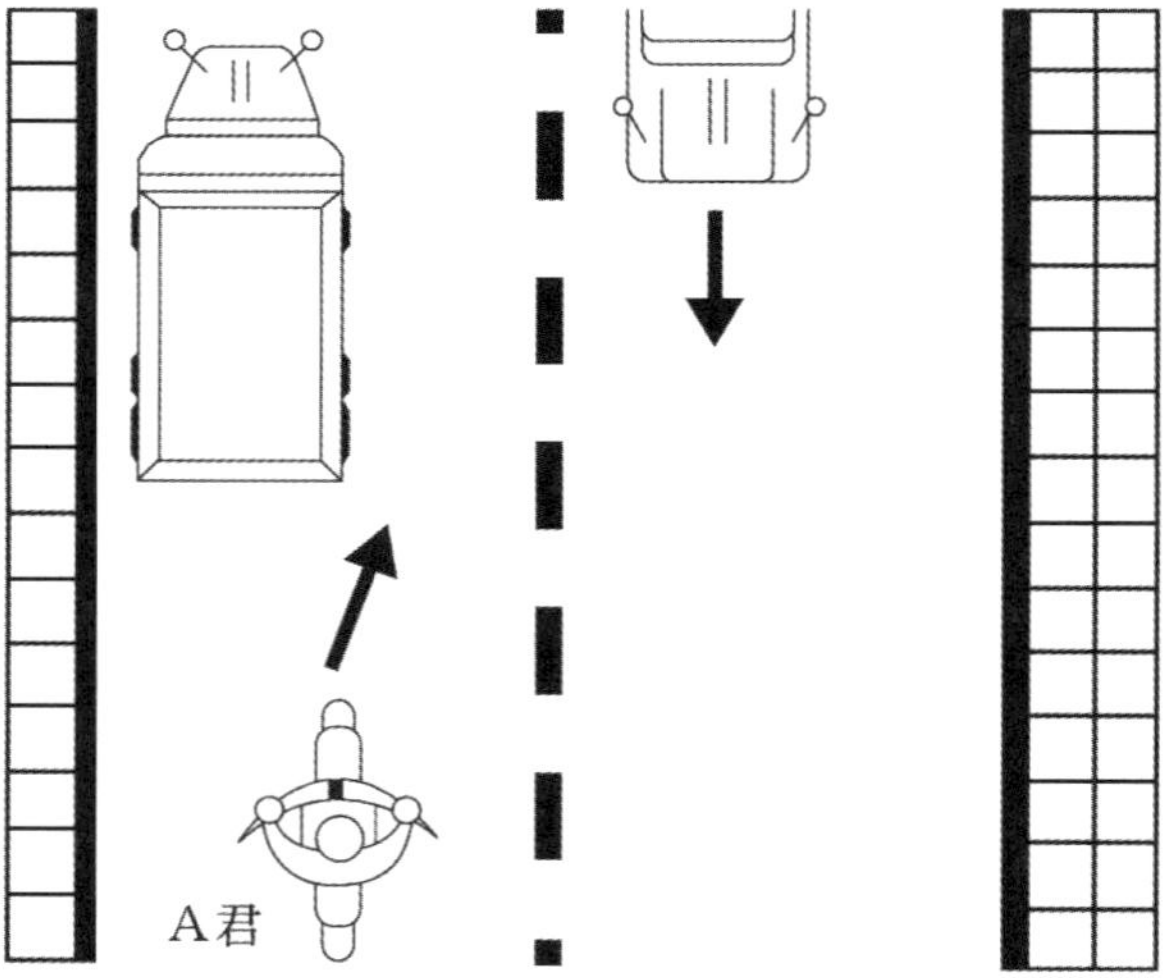

発生した災害に対する再発防止対策や無災害事故報告活動、指差し呼称、相互忠告運動、安全作業動作基準書（作業手順書）の作成、安全教育など、安全管理活動にも積極的に取り組んできた結果、年を追うごとに災害は着実に減少してきたのです。

高度経済成長の最盛期を迎えていた昭和四〇年代後半は、急増した新入社員の早期戦力化と、新設備の建設と安定稼働に努めていた時期でもありました。この頃、安全配慮に欠けた行動による災害が目立っており、個々人の安全意識を高めるための、より効果的な安全活動について模索していたのです。

昭和四八年秋の中災防の欧米安全衛生調査団に、同社の和歌山製鉄所の労務部長であった西原芳雄さんが参加して、ベルギーの化学会社を見学しました。

現場に貼ってあった一枚の交通イラストシートを見ました。絵を使って教育しているとのことであったようです。

早速、社内に検討チームを組んで、このイラストをヒントにして検討を重ねた結果、みんなが参加しやすくて安全を先取りする手法として、昭和四九年にＫＹＴ（危険予知訓練）手法を創出したのです。

機関車方式から電車方式へ

当時は、監督者に対する安全教育を積み重ねて、監督者のリーダーシップの下で、いろいろな活動を進めていましたが、このような監督者主導の活動では、作業者は受け身の対応になってしまって、みんなの積極的な参画意識が高まらないといった問題を抱えていました。

そこでＫＹＴを、みんなが積極的に参加しやすい活動にしようと考えました。いわゆる多くの車両を引っ張る機関車方式から、モーターが付いたそれぞれの車両が連結して自走するといった、電車方式の活動を目指したのです。

全員が参加しやすくて潜在危険を摘出することにも役立つようにと、危険を予知するときに、アイデア発想法であるブレーンストーミングの四つのルールを守ることとしたのです（**表1**）。

ＫＹＴは、いろいろな「あなたならどうする」のイラストシートを使い、ブレーンストーミング手法によって、楽しい雰囲気で危険を予知し合い、この予知した危険に対して自分ならどうするかを考え合う訓練手法ですから、みんなの参加意識が高まり、職場にスムーズに受け入れられました。

その後、短時間で行うホンネの話し合い方の四原則が、中災防から提示されました。

イラストシートを使って訓練を重ねることは、個々人の危険に対する感受性を高めることに役立つので、当初は、それぞれの職場で頻繁にＫＹＴが実施されました。

その後、鉄鋼各社にも導入されました。さらに、鋭い感性を持って情熱を燃やしておられた中災防の田辺肇常任理事・ゼロ災推進部長（当時）が目指していた「全員参加のゼロ災運動」に、ＫＹＴはピッタリ当てはまる画期的な活動であるとの考えから、ゼロ災運動

表１
ブレーンストーミング４つのルール

①	批判禁止	良い悪いの批判をしない
②	自由奔放	思うままに発言する
③	大量生産	何でもよいからドンドン出す
④	便乗加工	他人のアイデアに便乗したり、加工してよい

ホンネの話し合い方４原則

①	ホンネでワイワイ話し合う（リラックス）
②	ホンネでドンドン話し合う（生情報）
③	ホンネでグングン話し合う（短時間）
④	ナルホド・ソウダ・コレダと合意する（コンセンサス）

に取り上げられて、中災防で構築された４ラウンド法によるＫＹＴが、波紋のように全国の各企業に普及しました。近年は「重点的に取り組んでいる職場安全活動は？」との問いに対して「危険予知活動」といわれるほどに、職場安全活動の代名詞にもなったのです。

ＫＹ遊びに陥りやすい

ＫＹＴは、個々人の危険に対する感受性を高めることに、大変効果のある活動です。近年は、このＫＹＴを安全の先取りに生かすために、毎日の作業前に行うＫＹ活動が広く定着しています。

しかし、多くの現場で行っているＫＹ活動を見ると、活動が形骸化していて、安全の先取りに生かされていないのが実態です。

例えば、作業現場を見ないで危険を予知していたり、ボードにきれいに書いているだけで実践に結び付いていないとか、朝のかかりだけのKY活動で一日のいろいろな作業に対応できていない、常識として当然守らなければならない、ありきたりの行動目標だけを決めているなどです。

みんなで決めた行動目標を唱和して意思結集しているものの、作業中に意識することなく、行動に生かしていないといった実態が、大変多いことにも問題を感じざるを得ません。作業とともに安全活動にも効率を求めなければならない昨今ですから、みんなでわいわいやっているものの、安全の先取りに生かしていないKY活動は、単なるKY遊びだといわざるを得ません。

全員参加だけでは不十分です。みんなで知恵を出し合って、安全の先取りに生かすための工夫を凝らすことが大切です。

みんなの思考を深める

近年多くの事業場に導入されつつあるリスクアセスメントは、過去の災害や報告された

表２　かもしれカード

人はどうなるか？	物はどうなるか？
1　はさまれるかも	1　動くかも
2　巻き込まれるかも	2　回るかも
3　当たるかも	3　飛ぶかも
4　落ちるかも	4　落ちるかも
5　ころぶかも	5　抜けるかも
6　やけどするかも	6　燃えるかも
7　感電するかも	7　倒れるかも
8　ガス中毒になるかも	8　くずれるかも
9　酸欠になるかも	9　爆発するかも
10　有害物にやられるかも	10　漏れるかも
11　放射線にさらされるかも	

（衛生上の危険についても考えよう）

ヒヤリハット、各層による職場巡視や作業者に対する聞き取り調査、安全パトロールや安全点検の記録などから、作業環境や作業方法など物と人の両面にわたって危険有害性を特定しますが、この際に大切なことは危険有害要因を鋭く感じ取ることです。

そのためには、日頃から危険に対する感受性をみがいておいて、潜在する危険を見逃さないようにしなければなりません。

かつて筆者らは、危険の型別に問いかけながら「物はどんな動きをするか？　人はどんな行動をしそうか？」について思考を深めて、潜在する危険有害要因を洞察するための道具として「かもしれカード」を開発したのです（**表２**）。

表3　物や人の動きや状態の変化から洞察する

現場で現物を見ながら、作業に伴って
・設備や機器はどのような動きをするか？ ・その動きの中で、人はどのような不安全な行動をしそうか？ （誰でも、うっかり・ぼんやり・近道・省略・とっさの行動などによるヒューマンエラーによって、思いがけない行動をすることを念頭に置いて） ・危険物や化学物質は、どのような状態のときに、どのような異常反応が起こって、どのような事故になりそうか？ ・屋外工事などで、自然環境（強風や降雨・降雪など）の変化によって、どのような異常状態が生じそうか？ を洞察する

その後、中災防で一人ＫＹＴの研修用として「自問自答カード」が考案されました。

ＫＹ活動やリスクアセスメントで危険有害要因を摘出するときに、現場で現物を見ながら「かもしれカード」を使って、物と人の両面から危険の型別にチェックすれば、思考が深まって重要なリスクの摘出漏れをなくすことに役立ちます。

潜在危険の洞察を

もともとＫＹＴを創設したときは、ハッと気付くような潜在する危険を漏らさずに摘出することを狙いました。しかし近年、多くの職場で行っているＫＹ活動は、誰でも常識として直感できる危険要因だけを摘出しているといった実態が多いのです。

表3のように、現地で現場を見ながら、作業の進

捗に伴って、設備や機械の動きの中で、落ちる危険は？　はさまれる危険は？　などと、人の行動に伴う危険を考えたり、危険物や化学物質はどのような異常が起こりそうか？自然環境の変化によって生じるかもしれない危険は？　などと思考しながら、危険要因を洞察して、ハッとするような潜在する重要危険も摘出することが大切です。

このような思考をしながら洞察すれば、潜在する重要危険を見抜くことに大変役立ちます。

とりわけ現業部門の管理サイドの人には、職場に潜在する危険を見抜いて大事故の未然防止に寄与するために、作業形態や設備の状態が変化することによって生じるかもしれないリスクを洞察して、自らの安全管理に生かすとともに、経営にも反映させることが求められます。

そのためには、定点観察（危険を予知する対象の作業場所で立ち止まって観察すること）を行うことによって、生じるであろう危険を洞察することが大切です。

個別ＫＹも

ＫＹ活動は、チーム員に共通する危険に対して安全を先取りする効果が大きいのですが、より安全な職場づくりのためには、個々人の能力と個々人が行う作業の特性に合った危険予知を組み入れる必要があります。

作業者は、それぞれ知識や技能・経験・性格・危険に対する感受性などの特性が異なりますし、個々人の作業内容も違います。

ですから、みんなに共通する一つの行動目標を決めることに加えて、個々人が行う作業に応じて生じるであろう危険に対する行動目標も必要になります。

監督者は、これらの個々人の特性を日頃から把握しておいて、安全に対してレベルの低い人・気になる人に対して、わが子を思う親心の気持ちを持って危険を洞察し、心を込めて個別に安全指導をしてあげることが大切です。

かつて筆者が、この点に着目して「個人別ＫＹ」と名付けて、実践の定着に努めたことによって、災害の防止に大変寄与できたのです。その後、中災防で取り上げられて個別ＫＹとして広く普及しています。

ＫＹ活動を行って行動目標を唱和した後、監督者が、特に危険な作業をしてもらう人や気になる人に対し、プライドを傷つけないように配慮して「特に○○さんは、△△をするときに、◇◇をするように！」と安全指導をすることが災害の防止に大切です。

この個別ＫＹを付け加えたものを、筆者らは５Ｒ（５ラウンド）ＫＹと名付けて、実践の定着に努めました。

瞑想で自己ＫＹを

監督者が行う個別ＫＹとともに、作業者自身が当日行う作業に対する危険を予知して、安全配慮を考えさせるための、作業前に行う瞑想も効果的です。この瞑想は、安全管理活動にも大変熱心に取り組んでいる松下電工（現　パナソニック）の職場で、30ＭＴ（三〇秒間瞑想タイム）と名付けて実施して効果を上げていたものです。

定常作業であれ非定常作業であれ、さらに建設工事であれ、どのような作業でも始業前にミーティングを行うのが一般的ですが、このミーティングの最後に瞑想するのです。

瞑想とは「目を閉じて雑念から離れて深く静かに考えること」です。

各人がそれぞれ、今日一日どのような仕事をどのように進めるか、その仕事を進める中で生じるかもしれない危険と、安全に作業する方法について考えます。

監督者の「瞑想開始」の合図によって、みんなが一斉に目を閉じて瞑想します。

三〇秒間の瞑想をした後、監督者が誰か一人を指名して「どのようなことを瞑想したか？」をみんなに簡潔に紹介させます。それに対して、監督者が一言コメントを与えて関心を示します。これを毎日続けるのです。

人数が少なければみんなに順次発言させればよいのですが、人数が多ければ時間がかかりますから一人だけ指名して発表させるのです。

誰が指名されるか分からないので、みんながそれぞれ真剣に瞑想することになります。

この瞑想を毎日続けることによって、各人がそれぞれ自分が行う作業について、具体的に危険を予知することに大変役立ちます。

三　作業の形態に応じた対応を

実践ＫＹを

災害は、どのような作業で発生するか分かりません。だから、毎日のすべての作業の形態に対応したＫＹ活動が効果的です。

どのような業種の職場でも、すべての作業を大別すると「定常作業」と「非定常作業」に分けられます。

この非定常作業を、作業前に時間的余裕のある非定常作業と時間的余裕のない緊急作業に分けて、「定常作業」「非定常作業」「緊急作業」の三つの形態に応じた対応をすると効果的です。

定常作業は、毎日繰り返して行う作業や一〇日に一回程度以上の頻度で行う作業です。なお、作業頻度を一〇日に一回程度以上としたのは、定めた作業手順を習慣として身に付けられる作業頻度を勘案した目安です。

非定常作業は、繰り返し性はあるが頻度が少ない作業と、設備の新設や一部を改善したり修理するなどの、繰り返し性のない作業です。半年や一年ごとに行うような定期点検や定期修理なども含みます。

緊急作業は、突発的に発生して直ちに処置しなければならない作業です。

突発的に発生しても直ちに処置しなくてもよく、作業前に時間的余裕のある作業は非定常作業となります。

かつて筆者は、これらそれぞれの作業形態に応じたＫＹ活動手法を開発して、実践ＫＹと名付けて体系化しました。それぞれの作業に対するＫＹを入れた対応方法については、中災防刊の小著『基礎からわかる作業手順書―リスクアセスメントを取り入れた実践ノウ

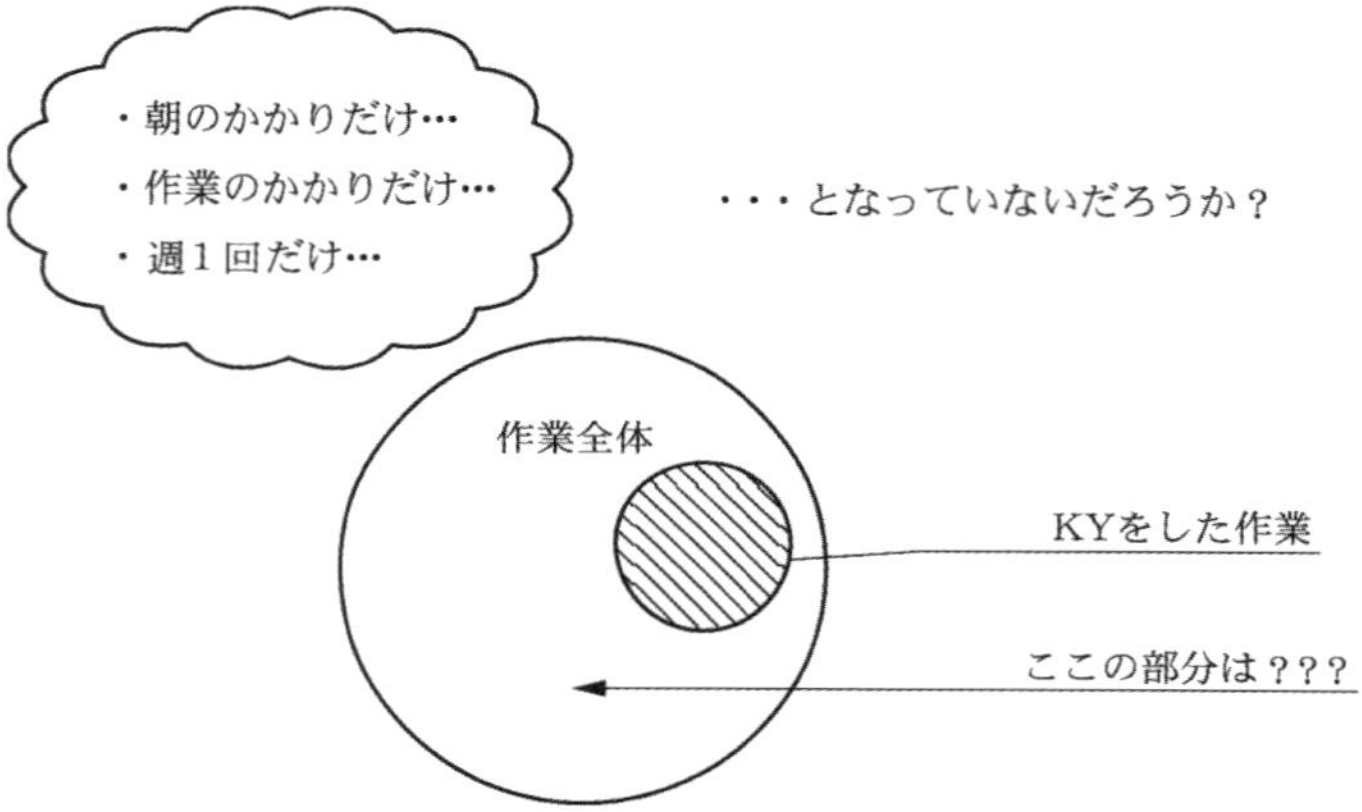

ハウ』で、具体的に解説していますので、参考にしていただければ幸いです。

定常作業には

定常作業には作業手順書を作成して、合理的で安全な作業方法を定着させることが大切です。

この作業手順書には、作業を進める手順の欄と、手順ごとの急所の欄を設け、手順は名詞と動詞で、急所は副詞的に、それぞれ簡潔に表現することによって、作業手順書の内容が容易に理解できるので、活用しやすくなります。

急所を決める方法は「成否・安全・やりやすさ」の面から検討して、生産や品質面の急所を重点に取り上げます。続いて、危険予知の第一ラウンドを活かして、手順ごとの危険性又は有害性をみんなで洗い出し、それぞれのリスクを見積もって危険度を評価し、リスクの防止対策を検討します。リスクの防止対策は、設備面の安全対策を優先して実施し、最も「やりやすくて安全な行動面の対策」を急所欄に簡潔に記入します。

急所について留意しなければならないことは、一つの動作をするときに幾つもの注意ができないということです。だから、手順ごとに摘出した危険に対して、注意しなくてもよいように設備や治具の工夫改善をして、急所を減らしておくことが大切です。

非定常作業には

非定常作業の作業手順書を作ってある場合は、作業前に、これから行う作業の作業手順書を透明のケースに入れたまま作業現場へ持っていき、危険予知活動に代えて、現場を見ながら作業手順書の内容をみんなで確認してから作業にかかるとよいのです。

現場の状況に応じて、作業手順書の内容を変更しなければならない個所や特に留意しなければならない安全ポイントは、ケースの上から水性ペンで記入して、唱和によって意思結集して意識付けをしてから作業にかかります。

作業中は、作業手順書を作業現場の目につきやすいところに掲示しておいて、作業者が確認したり巡視者が安全チェックに活用します。

作業が終われば、作業手順書の内容について必要な見直しをしておくことを忘れてはなりません。

一方、初めて行うような非定常作業については、作業手順書を作成していないのが普通ですから、作業手順書を作成していない非定常作業では、作業前に監督者が作業方法と個々人の分担を指示した後、ボードやＫＹ用紙などに記入しながら危険予知活動を行うのが一般的です。

緊急作業には

緊急作業については、予測できるものと予測できないものがあります。

予測できる緊急作業については、処置するための緊急処置要領書を作成しておいて、定期的に防災訓練などと名付けた訓練を行って、実践力を身に付けさせておくのが一般的です。

予測できない緊急作業については、作業前にみんなで話し合う時間の余裕はありませんから、監督者やリーダーが、安全ポイントを入れた適切な作業指示をし、作業中は直接指

表４　作業形態別の危険予知活動を生かした対応方法

作業の形態	定　　義	危険予知を生かした対応方法
定常作業	おおむね同じ作業方法で、日常的に繰り返して行う作業 （繰り返して行う作業頻度は10日に１回程度以上をめどとする）	○危険予知やリスクアセスメントをして作業手順書の急所を決め、実践の定着を図る
非定常作業	繰り返して行う作業頻度が低い作業と、作業ごとに作業方法が異なる作業で、予定して行う作業 （作業頻度は10日に１回程度未満をめどとする）	○作業手順書を作成してあれば、作業前に手順書の内容を確認する ○作業手順書を作成していなければ、作業前に危険予知活動を行う
緊急作業	突発的に発生する異常事態で、直ちに対処しなければならない作業 （直ちに対処しなくてもよい作業は非定常作業として対応する）	○予測できる緊急作業には、処置要領書を作成して訓練をしておく ○予測できない緊急作業には、作業前に安全ポイントを入れた適切作業指示と作業中の指揮を行う

揮をするといった、ダイナミックな指揮をして処置しなければなりません。

① 監督者に必要なダイナミックな指揮

人間は、緊急処置を要する突発的なトラブルに直面すると、早く復旧しようといった気持ちの焦りが先立って、早く復旧する方法だけに意識が集中して行動するため、安全配慮が極めて欠けやすくなります。

例えば職場で火災が発生したときの意識はどうなるでしょうか。

「早く消さなければならない。そのための方法は？ 消火器だ！」と、早く消すための方法だけを意識して、消火器を持って消火にあたります。

このときは、生産能率や品質の確保、工事の進捗、省エネ、資材の節約、安全配慮、人間関係などは全く意識していません。

「目には見えれど意識なく」になってしまうといった、意識の一点集中が起こるのです。

蒸気や高圧の油圧油が突然漏れだしたとか、流れ作業で不良品が発生しだした、装置全体を停止させなければならないような故障が生じたなどのときも同様です。

これらのような緊急作業時に、常識として知っている当たり前のことが守られずに、けがをしてしまいやすいのです。これは誰でも持っている弱い特性なのです。

ですから、このような場合こそ監督者やリーダーは、職場の中心的実践者としての強い自覚と責任感を持って、作業に伴って生じるであろう問題や危険を鋭く洞察して、人間の弱さを念頭においた「ダイナミックな指揮」を行わなければなりません。

そのために、監督者やリーダーは次の能力を持っていなければならず、とりわけ、自身が慌てないことが肝要です。

①　自分の過去の経験や知識から、その時と場所における、人・設備・作業対象や周辺環境の状態に合った、安全最優先で実行可能な作業方法を立案して、正しい作業計画を即座に組み立てる

②　チームの全員が、作業計画に基づいた行動をするように、ポイントを押さえた明確な指示をする

③　作業中に予期しない状況に出会った場合は、即座に適切な応用力を働かせて、その場の状況に合った対応方法を指示し全員に徹底する

④　作業中は、作業の流れと全員の動きを把握しながら指揮をし、必要な即場指導を行

う

② 思考を誘導しながら適切作業指示を

日常行っている作業指示は、くどくどと話していても、意図するポイントが、相手に正しく伝わっていないことが意外に多いのです。

安全配慮すべき事柄を指示しなかったり抽象的であったりなど、不適切な指示が原因で災害を引き起こすこともまれではありません。

緊急に処置しなければならない異常作業の場合は、緊急処置要領書など書いたものを見ながら指示をする時間的余裕はありませんから、指示をするために必要な項目を「よいしきか」など、できるだけ馴染みやすい表現で覚えておいて、自問しながら、その作業特有のポイントを具体的に考えて、その場の状況に合った適切作業指示を行うことが大切です。

適切作業指示は、次の要領で具体的に指示します。

監督者は、常に「〝良い指揮〟をしなければならない」と心掛けて、緊急事態が発生したときは、「よいしきか」に基づいて自身の思考を誘導しながら、危険と安全ポイントを入れた、ダイナミックな指示をします（**表5**）。

表５　適切作業指示のしかた

作業の目的を話した後、「よ・い・し・き・か」に沿って、自分の思考を誘導しながら、具体的に指示する

よ	要　領	作業の手順は
い	位　置	人の位置、姿勢、手足の位置は
し	指揮者	作業全体の指揮者は誰か
き	危険と対策	特に留意すべき危険と対策は
か	確認事項	電源切り、残圧抜き、連絡合図など、必要な確認事項は

指示した後、指示したポイントを復唱させて、確実に伝わったかを確認する

作業指示をする場合の留意点

ア　できるだけ現場で現物を見ながら
イ　時・場所・作業に応じて具体的に
ウ　相手の知識や技能などに応じて、やさしい表現で
エ　平易な言葉で、簡潔に、箇条書きふうに
オ　大きい声で、明瞭に、力強く
カ　ポイントを強調して
キ　必要に応じて板書するか、メモして
ク　指示内容の要点を復唱させて、相手に伝わったかを確認しながら

指示をする場合は「要領は……、位置は……」というふうに、指示をする項目を言って、項目ごとに区切って指示すると、指示をする必要な事柄が漏れることなく、かつ、指示者の意図するポイントが的確に相手に伝わりやすいのです。

この適切作業指示をヒントにして中災防で、5W1H「なぜ、いつ、どこで、なにを、誰が、どのように」に、危険のポイントなどを付け加えて指示をする、作業指示STK訓練が開発されました。

いずれの方式であっても、すべての作業指示は、具体的で簡潔であるとともに、安全ポイントを入れることが大切なのです。

短時間で終わるどのような簡単な作業でも危険がありますから、日常のすべての作業指示に、安全のポイントを入れた作業指示の実践を定着させるために、この指示の実力を培っておくことが大切です。

一人作業者には適切作業指示と一人KYを

近年は一人作業が大変多くなっており、かねてから現認者のいない一人作業での災害も目立っているために、この災害防止対策への関心も高くなっています。

往々にして一人作業を指示する場合に、安全ポイントを具体的に指示することを忘れて、せいぜい「安全に注意せよ」で済ませてしまいやすいのです。

一人作業を指示する監督者は、安全配慮をすべき事柄を具体的に指示するための思考誘導の道具として、「よいしきか」や「5W1H＋危険予知」によって、自分の思考を誘導しながら、現場の状況と作業者の特性に応じて具体的に指示した後、指示したことを復唱させて、指示したポイントが相手に伝わったかを確認します。

引き続いて、作業者は現場で現物を見ながら一人KYを行って作業にかかるのです。

この場合に、危険の型別に自問自答して危険の有無をチェックすれば、潜在危険の摘出漏れに役立ちます。

四　KYを安全の先取りに生かすために

現地で現場を見ながら

ある職場で、天井走行クレーンのストッパーを取り換える作業の危険予知を、事務所で行って作業にかかりました。

ところが作業中に、取り外した重さ三キログラムほどの木製ストッパーを、不注意によって落としてしまったのです。

運悪く下の職場の要請によって、臨時に入って清掃作業をしていた協力会社の作業者の腰に当たって、けがをさせてしまいました。

日頃は、下の職場は無人の職場でした。

現地で現場を見ながら危険予知をしていれば、今日は協力会社の方が入って作業して

危険予知活動板		4月5日
作業名　鋼材の積込み		リーダー　山本 人員　4人
安全の常識　○クレーンの周囲に柵をする ○吊り荷の下に入らない		
No.	考えられる危険	私たちはこうする
行動目標		

いるから、クレーンの下部を立ち入り禁止にしなければならないと気付いたはずです。

現場をよく知っている人でも、現場を見なければ危険を実感することができません。

まして、現場の状況は日々変化しているのです。現場で現物を見ながらの危険予知にこだわることが大切です。

安全の常識は確認してから思考を深めて

安全に作業するための常識として、誰でも知っていて当然守らなければならないことについては、危険予知をするまでもありません。

この安全作業の常識は、危険予知をする前に監督者が指示して、ＫＹボードや記録用紙に設けた安全の常識欄に「クレーンの周囲に柵をする」とか「安全帯使用」「防じんめがね着用」「検電」などと簡潔に記入して、みんなで守ることを合意すればよいのです。

危険の摘出は「作業に伴ってどんな危険があるか?」を、よく考え合うことが大切です。この危険を摘出する際に「どんな危険がありますか?」と漠然と問いかけられるよりも、「はさまれる危険はないですか?」とか「感電する危険はないですか?」などと問いかけられると思考が深まって、個々人の危険に対する感受性を高めながら、潜在危険の摘出漏れを防ぐことにも大変役立ちます。だから監督者は、ありそうな危険の型別に問いかけて、みんなの思考を深めるように導くことが大切です。

近年は、自問自答カードの危険の型別に、危険の有無をチェックする方法を取り入れた、チェック方式による危険予知活動を行っている職場が多くなっています。

作業のステップごとに危険予知を

毎日の始業時に今日一日の作業全体の危険予知をしても、同じ作業を終日行うとは限りません。同じ作業でも、作業の進捗に伴って危険要因が変わります。

例えば、一日で行う大型ギヤーボックスの分解修理作業の主なステップは「ギヤーボックスの分解↓ギヤーの修理↓ベアリングの取り替え↓ギヤーボックスの組み立て」となり、それぞれのステップごとに生じるであろう危険が異なります。

だから、作業の主なステップごとに、みんながちょっと集まって、これから行う作業の方法と個々人の作業分担を監督者が指示してから、ＫＹ活動を行うことが大切です。

ＫＹ活動は、ボードや記録用紙に記入しながら行うのが一般的ですが、作業が終わるまで作業現場に掲示しておいて、作業者も随時確認することが大切です。

これぞ攻めのＫＹ活動だ

ある作業現場に赴いたとき、安全の先取りに生かす非定常作業のＫＹ活動を拝見して、感銘を覚えたことがありました。

午前一〇時の休憩時間後に、監督者と二人の作業者が作業現場を見ながら、作業前ミーティングを行っていました。

現場には、クリッパー付の大型建設機械によって古い工場建屋を解体した、長さ約七メートルの鉄骨材を約三メートルの高さに山積みしてありました。鉄骨材の形状はさまざまであり、かなり不安定な状態に積まれていました。

これをスクラップとして搬出するために、山積みしてある鉄骨材の上に上がって、トラックに積めるよう一～二メートルの長さにガス切断し、移動式クレーンを使って別の置場に搬出する作業です。

山積みしてある鉄骨材を見ながら、監督者と作業者が立って話し合っていました。午前一〇時の休憩をしているのかなと思って近づくと、三人でKYをしていたのです。監督者が「次にA君は、あの鉄骨のあの部分を切断し、次にあの部分を切断するように」と、指を差しながら、これから行う作業の方法と個々人の配置、作業の手順を指示しました。

次いで危険予知をしたのです。まず、守るべき安全作業の常識として「ワイヤロープを掛けたら床面に降りて、吊荷から五メートル以上退避して合図すること」と指示をして、みんなで確認したのです。玉掛け作業時の退避は安全作業の常識です。

その後、どんな作業をする時にどんな危険があるかをみんなで考え合いながら、どうすればよいかを話し合い、守るべきことを具体的に決めていました。

作業者が「あの鉄骨のあの部分をガスカットした時に、切断した鉄骨が右の方に崩れ落ちそうです」と発言すると、監督者が「そうだな、どうするかな？　B君は、あらかじめ

左側から控えのナイロンロープをあの鉄骨の先端に縛って、向こうの方へ引っ張っておこう」「そうですね」という具合に危険予知をしていました。

　行動目標は「切断が終わるときは、崩れる方向を確認して退避しよう！」でした。その場の状況に合った実に具体的な話し合いです。

　形式にとらわれず、自然な話し合いの中でみんながが真剣に考え合っていました。

数分間のミーティングでした。危険予知活動を、仕事そのものとして仕事の中に組み込んで活用していたのです。

安全の先取りに生かすＫＹ活動の、あるべき姿を見た心地でした。

彼らは、かなり以前にＫＹＴ（訓練）を受けており、身に付けたＫＹ４ラウンドの基本形を、実際の作業の中でいつも実践しながら応用させて使いこなしていたのです。

これぞ筆者が思い描いていた、安全の先取りに生かす攻めのＫＹ活動であると、大変うれしく感動しました。

ボードや記録用紙に、キレイに格好よく記入することにこだわる必要はないのです。

みんなでよく考え合って、安全を先取りした作業の実践に役立てることが、大切だということを銘記すべきです。

一本の釘に危険を感じる人・感じない人

昔から「安全には臆病になれ」と言われているように、安全に油断は禁物です。

「この程度のこと」と思われるようなささいなことでも、不安全だと気付いてすぐ改善することが大切です。

例えば、打ち付けてある釘が一本だけ少し抜けて、釘の頭が出ているとします。それを見て、何も感じないで過ごしてしまう人が多いのです。このことが問題なのです。危険に対する感受性がある人は、釘の頭が出ていることに気付いて危ないと感じます。危ないと感じると、すぐ抜いて「これで安全だ」と安心します。しかしこれだけでは不十分です。危険に対する感受性の高い人は、ほかにも危ない釘がないかを調べ、さらに「なぜ釘が抜けかかったのか？」と、その原因を把握して根本対策を実施します。

このような対応は、報告されたヒヤリハットや現場巡視の中での気付きによって、潜在危険の排除に役立てるための心掛けとして大切にしたいものです。

表面的観察に終わってはならないということです。何が不安全な状態や不安全な行動をもたらしたかを検討して改善する取り組みが、職場の潜在危険をなくしゼロ災害を続けるために心掛けなければならない活動なのです。

大切なことは、海面下に隠れた氷山の部分を探り当てるということです。

１本の釘に危険を感じる人・感じない人

〈災害ゼロから危険ゼロへ〉

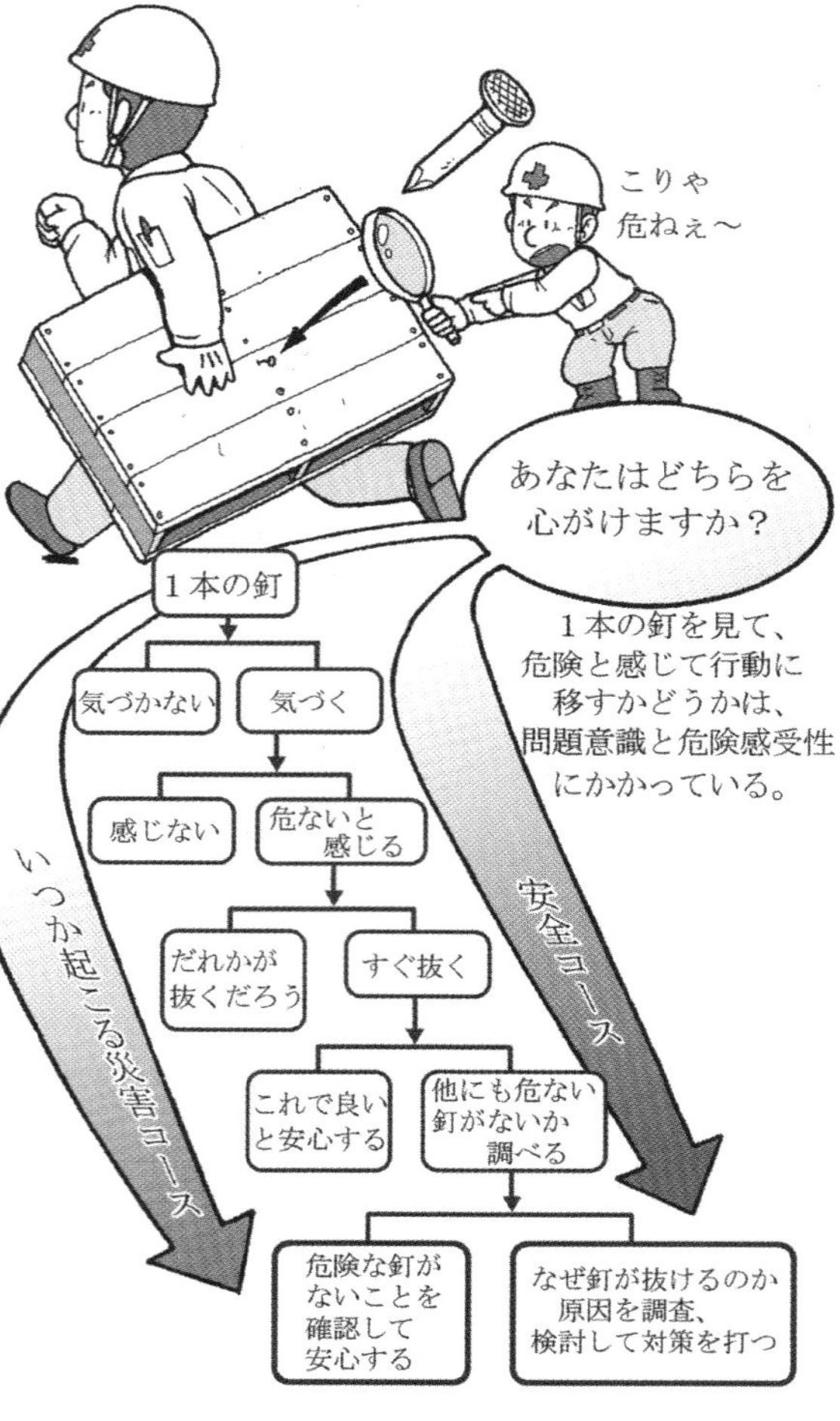

五　危険感受性を高めるために

設備や機器の構造とはたらき・原理を知る

①　ある災害事例から

中災防の『安全の指標』で紹介された災害事例です。

ある事業場で、コンクリートミキサー（横型・円筒形のドラム型の鋳鉄でできたミキサー）の中に入って、攪拌用の羽根を取り替えていました。

作業者は胴部に設けてある点検口（高さが四〇センチメートル、幅一メートル）から中に入って、アーク溶接によって新しい羽根を取り付けているとき、持っていた溶接ホルダーではさんでいた溶接棒の先端が、右胸部に触れたために感電して死亡したのです。

災害が発生したとき、作業服や保護帽、安全靴、溶接用長袖の革手袋などを正しく着用しており、遮光メガネもキチンと使用していました。

被災者は、十五年前にアーク溶接等の業務に対する特別教育を受けていました。

アーク溶接機には、交流アーク溶接機用の電撃防止装置を装備していませんでした。

災害が発生したときの作業場所は、四〇℃以上になっていたと推測され、被災者の作業服は汗でぬれた状態であったそうです。

この災害の原因として、次の事柄が挙げられていました。

a. コンクリートミキサーの内部という、導電体（鋳鉄製）で囲まれた狭い場所でのアーク溶接作業であったにもかかわらず、電撃防止装置を装備していなかった。（労働安全衛生規則第三三二条で、導電体に囲まれた著しく狭い所で、交流アーク溶接によって作業を行うときは、交流アーク溶接用の電撃防止装置を使用しなければならないと定められている）

b. ミキサー内部の、気温が高くて発汗しやすい状況の下で作業させた。

c. 感電の危険性に対する教育が不十分であった。

この災害の再発防止のために、次の対策が必要だと示されていました。

a. 導電体に囲まれた狭い場所で交流アーク溶接の作業を行うときは、交流アーク溶接用の電撃防止装置を使用する。

b. 気温が高い場所でアーク溶接を行うときは、クーラーを使用するなどして作業環境をよくする。

c．感電の危険性について、能力を向上するための教育を実施する。

②　多くの職場で生じやすい問題

被災者は、アーク溶接の特別教育を受講していたので、このような作業を安全に行うための、知識と技能は当然教えられていたことでしょう。しかし、特別教育を受けてから十五年もたっているのです。

とりわけ、このような導電体の狭い場所で行うアーク溶接のような、まれにしか行わない作業については、その作業特有の危険と安全に配慮しなければならないことを、最初の教育で教えられていても、月日がたつと忘れてしまいやすいのです。

電撃防止装置が故障していたのではなく、もともと装備していないアーク溶接機ですから、古くから使っていたであろうと推測されます。

しかし感電事故がなかったので、感電に対する危険を予知せずに、そのままにしていたのでしょう。

このような溶接機を使用していたということは、管理サイドの怠慢といわざるを得ないのではないでしょうか。

③　怠りやすい溶接機の感電防止対策

多くの職場で用いられている、アーク溶接機の取り扱いで感じるのは、感電防止対策が不十分であるということです。

ホルダー用のケーブルの被覆がヒビ割れしていたり、ケーブルの被覆やケーブルの接続部が損傷して、芯線が露出しているものを見かけることがよくあります。

二次側の端子の、感電防止のための覆いが外れていたり、テーピングがはがれていたりしているのもよく見かけます。

一次側の端子についても、同じような危険な状態になっているものがあります。一般的に、一次側は二〇〇ボルトですから大変危険なのに、危険性をあまり感じていないようです。

④　四二ボルトは死にボルト

低い電圧でも感電すると、危険が生じるということを、知っておくことが大切です。

感電は人体の神経系を刺激して、その刺激が強いときは心臓を停止させます。

人体にどの程度の電流が流れると、どのような症状になるかの目安を表6に示しました。

表６　人体に流れる電流と影響の目安

電流	人体への影響
１ mA	ただ感じる
５ mA	相当に痛みを感じる
10 mA	耐えられないほど苦しい
20 mA	筋肉の収縮が激しく自力で離脱できない
30 mA	ショックを受け失神する
50 mA 以上	危険で致命的な結果を招く

古くから使われているアーク溶接機の二次側には、無負荷のとき八〇～九〇ボルトの電圧がかかっています。汗などでぬれているときの手の抵抗は、一〇〇〇オーム程度に低下するといわれていますから、80V ÷ 1000Ω = 80mA となり致命的です。皮膚の柔らかい胴部の抵抗はさらに低いので、四二ボルトは「死にボルト」ともいわれているように、低い電圧でも感電する部分によっては大変危険ですから、感電防止対策を怠ってはなりません。

電気機械器具を取り扱う人の、感電に対する知識が不足していると、感電防止対策がおろそかになってしまいます。

職場勉強会を

取り扱う設備や機器の構造やはたらき、動作の原理や特性などを知らなければ、危険のポイントを見抜くことはできません。

例えば、多くの機械は動力源として、電気とともに油圧や圧搾空気を使っていますが、感電に対する知識のほか、油圧や圧搾空気の特性と電磁弁の種類と構造、各部のはたらきなどについても知っておくことが大切です。

取り扱っている有機溶剤やガス、危険物、薬品などの、特性や危険性を知っておかなければ、安全に正しい取り扱いをすることはできません。

引火性の有機溶剤を入れていた古いドラム缶の空缶を、他の用途に流用しようとして、上蓋をガス溶断しているときに、ドラム缶の内面に付着していた溶剤が蒸発して、爆発したという事例は珍しくありません。

これらのように、取り扱う設備などの構造やはたらきとともに、特性や原理などについて、よく教えておくことが大切です。

新入社員として配属されたときに、これらのことを教えても理解できないように、教育は、相手のレベルに応じて、やさしいことから順次教えることが大切です。

職場ごとに毎月一～二回は、自分たちが取り扱う設備や機器の構造やはたらき、原理などを知るための自主的な勉強会も大切です。

かつて筆者が担当していた職場で、次のような勉強会を定期的に実施して、危険に対する感受性をみがくことに役立てたことがあります。

職場のみんなで、あらかじめ毎月の勉強する日とテーマと、テーマごとに解説する人を作業者の中から決めておきます。解説する人は、前もって技術スタッフなどに聞いて調べておいて、勉強会でみんなに解説するのです。十分理解できなくて自信がなければ、勉強会に技術スタッフも同席してもらって、補足の解説をしてもらえばよいのです。

このような勉強会を毎月二回続けたことによって、みんなの知識を深めることができ、潜在危険を洞察する力が高まって、安全の先取りに大変寄与したのです。

個々人の特性を知る

私たちは十人十色であり、それぞれの性格や考え方、知識、技能、健康状態などが異なり、これら個々人の特性の弱い面が、時には不安全行動を引き起こします。

したがって監督者は、日頃から災害を起こしやすい性格など個々人の特性を敏感に感じとって、どのような危険な行動をしそうかを洞察して、その特性に合わせて適切な指導を行うことが大切です（**表7**）。

筆者らは、個々人の特性に対する洞察力を高めるために、観察シートを多数用意して、

表7　災害を起こしやすい性格

1．注意逸脱性格
・従事している仕事に対する注意を、安易に他にそらしやすい
2．浅慮性格（衝動性格）
・慎重さが必要な動作のとき、認識不足のために、うかつなことをすることが多い
3．集団離反性格
・規則や社会慣習を受け入れようとする気持ちが少ない
4．対人不感性格
・他人の気持ちを理解しようとしないで、無視する傾向が強い
5．苦痛感異常性格
・苦痛をあまり気にしないばかりか、スリルを味わおうとさえする。その上、過去に経験した苦痛をすぐに忘れてしまう
6．自己過信性格（粉飾性格）
・自信過剰のために、危機に対する用心に欠ける
7．社会生活不適応性格
・他人に対して攻撃的で、自己主張過剰な態度をとりやすく、チームワークに関心がない

洞察力向上訓練シート

全監督者に洞察力向上訓練を行いました。

この訓練方法は、監督者のそれぞれが、一枚の観察シートに描かれた人物はどのような性格かといった人間像と、どのような指導をすればよいかについて、感じたことをメモします。

次に、監督者役と作業者役を決めて、ペアで相互の役割演技により、プライドを傷つけないように配慮しながら、短所をうまくカバーした指導訓練を順次繰り返した後、参加者全員で人物像と指導のポイントについて話し合って共通認識します。

このような訓練を繰り返して行うことによって、作業者の日頃のしぐさや行動の中から、個々人の特性を洞察して適切に指導する力を高めます。

危険体感教育も

昔は子供の頃に屋外で遊ぶことが多く、樹木や塀の上から落ちたり、ノコギリやナイフを使って竹トンボなどを作るといった工作をするときに、竹の切り口やナイフで手を切ったり、ハンマーで手を叩いたりなど、痛い目に遭うことで、自然に危険に対する感受性と自己防衛の能力を身に付けていました。

しかし近年の子供は、テレビゲームやスマホゲームなど危険のない遊びが多く、過保護の中で成長する時代になり、ほとんど痛い目を経験することなく育った人たちが職場に入ってきます。

その上、長期間にわたって災害がない職場が多くなっていますから、けがの怖さを実感しにくくなっています。けがの怖さを実感していないために、危険予知活動で危険を摘出するときも、思考を深めることなく表面的な活動に終わってしまいやすいのです。

しかし、実際にけがを体験させるわけにはいきませんから、事故や災害の怖さを実感させたり体感させる教育が大切だといった認識が高まっており、危険体感教育を行う事業場が多くなりました。

それぞれの事業場で、工夫して行われている危険体感教育には、次のようなものがあります。

玉掛け作業で、つり荷を地切り（つり上げ）するときに、ワイヤロープを握ったままつり上げて、ワイヤロープが緊張したときに指をはさまれる災害が起こりやすいのです。玉掛け作業が多い事業場では、ワイヤロープを握ったまま数十キログラムのつり荷をつり上げて痛さをジワッと感じさせ、続いて数百キログラムの荷とワイヤロープの間に、指と同じ太さの竹をはさんでつり上げて、竹がバリバリと音を立てて割れてしまう様子を見せて、はさまれの怖さを実感させています。

プレスやシヤーによる作業が多い事業場では、プレスやシヤーの怖さを実感させるために、ソーセージを詰めた軍手をプレスではさんで、ソーセージが軍手の網目からにじみ出るのを見せたり、ソーセージを詰めた軍手の指をシヤーで切断して、人の指が切断したような感じになっている切断面を見せてゾッとさせています。

建設業の事業場では、高所作業台のアウトリガーを畳んだ状態で、上部に取り付けたロープを二人で引っ張って簡単に倒れるのを見せ、次いで、アウトリガーを最大に張り出して、同じように二人でロープを引っ張っても全く倒れないのを見せて、アウトリガーを最大に張り出すことの大切さを実感させています。

また、保護帽のアゴひもをノドに正しくかけた人形と、アゴひもをアゴにかけた人形を上部に立たせた高所作業台を倒して地上に人形を転落させて、アゴひもを正しくかけた人形の保護帽は外れずに頭を保護するが、アゴひもをアゴにかけた人形の保護帽は衝撃で飛んでしまって、頭を地上に直接打ちつけるといった状況を見せて、アゴひもを正しく着用することの大切さを実感させています。

これらの他にも、回転体への巻き込まれや感電など、事業場で工夫した体感教育が行われています。

近年、重要性が増している危険体感教育は、災害の恐ろしさは想像以上であることを実感し、危険に対する強烈な印象を受けるので、個々人の危険に対する感受性がみがかれます。

工事現場における職長の姿勢

かつて、筆者が安全診断をした現場で、ある協力会社の職長の姿勢に大変感心したことがありました。

診断に立ち会った当該職場の職長が、筆者が注視している個所や診断の仕方を注意深く観察しながら、積極的に質問をしてきたのです。

筆者が指摘した事柄をメモするとともに自分が改善した現場の状態について次々と「自分は、こうした方が安全だと思って、このようにしているが、これでよいでしょうか？さらに改善しなければならないことはないでしょうか？」といった具合に、積極的に質問を投げかけてくるのです。担当職場の問題意識と自分の考えをキチンと持っているとともにに、より改善しようといった意欲がみなぎっていました。素晴らしい職長でした。

このような積極進取の姿勢が、自身の危険に対する感受性をみがくことに役立つのであり、このような職長を育成することの大切さを、改めて認識させられました。

第三章　職場安全活動に魂を入れる

一　基本的な安全対策を整備する

高所では安全帯の使用が最優先か

現業部門の管理者や監督者研修で「高所作業で最優先しなければならない安全対策は何か?」を伺うと、圧倒的に多くの方が「安全帯を使用する」と答えます。

作業者には、高所では必ず安全帯の使用を意識付けすることは大切です。

しかし、事業者責任を完遂しなければならない現業部門の管理者や監督者は、安全帯の使用が最優先ではなく、作業床や安全柵の設置を最優先しなければならない、ということを忘れてはなりません。

労働安全衛生規則の第五一八条に、

「事業者は、高さが二メートル以上の箇所（作業床の端、開口部等を除く。）で作業を行う場合において墜落により労働者に危険を及ぼすおそれのあるときは、足場を組み立てる等の方法により作業床を設けなければならない。」

「事業者は、前項の規定により作業床を設けることが困難なときは、防網を張り、労働者に安全帯を使用させる等墜落による労働者の危険を防止するための措置を講じなければならない。」と定められています。

高所で作業させる場合は、作業床の設置を最優先しなければならないのです。巻き込まれやはさまれの危険のある個所には、カバーや囲いなどの安全対策を講じなければならないなど、経営者とともに管理者や監督者には、安全環境の提供を最優先し、次いで不安全行動を排除する義務があるということを念頭に置いた安全管理が求められていることを忘れてはなりません。

高所の置場からの転落防止対策に一工夫を

ある事業場に伺ったとき、事業場の一角に高さが二・五メートルの鉄筋コンクリート造りの資材置場を、幅一〇メートル、長さが五〇メートルにわたって設けていました。上部に重量物の資材を置くので大変丈夫に造られており、いろいろな資材を所狭しと置いていました。ところが、この高所の資材置場に、転落防止用の安全柵を設けていないのです。

奥の方に置いている資材は、移動式クレーンで揚げ降ろししますが、手前側に置いている資材は、フォークリフトで頻繁に揚げ降ろししなければならないために、安全柵を設けることはできず、安全対策が難しいとのことでした。しかも転落防止のために安全帯をかける設備も設けていませんでした。

転落の危険を感じているが、技術的に難しいのでそのままにしており、作業者に注意するように指導しているとのことでした。

そこで筆者は、次の二つの改善方法を提案しました。

一つは、フォークリフトによって揚げ降ろしする手前側の置場と、移動式クレーンによって揚げ降ろしする奥の方の置場の間に丈夫な柵を設置して、柵より手前側に立ち入るときは柵に安全帯をかける。

もう一つの改善案は、親ロープを設ける方法です。

比較的長い資材をフォークリフトで揚げたときに、柵に当たって破損する心配があるならば、手前の置場の端から一メートルくらいの所へ、一・七メートルくらいの高さに親ロープを張って、そのロープより端の方に立ち入る場合は安全帯を使用させる。

この提案を参考にされて、この事業場では柵を設置する方法を採用して早速改善し、改善結果を写真に撮って報告してくれました。

生産や品質上の問題については、管理者が具体的な改善策を熟慮しますが、安全上の問題については、改善しなければならないと思いながらも、具体的な改善方法を見いだす努力をしないまま過ごしてしまいやすいのです。

安全上の問題についても熟慮しながら知恵を出し合って、作業性とコストにも配慮した改善方法を見いだす努力をすれば、良い改善方法が見つかるのです。

ドライブサイドにも安全カバーを

どこの事業場でも、オペレーターサイドの機械設備については、巻き込まれやはさまれなどの危険個所に対する設備面の危険防止対策がよくできています。しかし、ドライブサイドの駆動装置のカップリングやスピンドルに安全カバーがないなど、作業者が日頃あまり行かないところの設備については、安全対策が不十分な職場が意外に多いのです。

ドライブサイドの安全対策の不備を指摘すると、責任者からは「作業者がドライブサイドに立ち入ることはほとんどないから、対策を実施していない」との弁解をよく聞きます。

それに対して「給油や点検をしなくてもよいのですか？」と問いかけると「毎日一回は点検に行きます」とか「毎週一回は点検しています」などといった返事が返ってきます。

作業頻度が低い個所は、基本的な安全対策をおろそかにしてもよいのでしょうか。

作業頻度にかかわらず、基本的な安全対策をきちんと実施しておかなければなりません。

送風機などの安全カバーも

意外に安全カバーを設けていないのが、建物の隅や屋外などの目立たない所に設置してある、送風機やポンプなどの駆動用ベルトやプーリー、カップリングなどです。

小型のものから比較的大型のものまで、安全カバーがないままになっている状態を、大企業の事業場でも目に留めることがまれではありません。

日頃は作業者がほとんど近寄ることのない場所なので、安全カバーの必要性を感じなかったり、管理者もほとんど立ち寄らないために見逃してしまいやすいためでしょう。

長年の間に、点検や近くを通った人が巻き込まれたら、現認者のいない場所ですから重篤な災害になります。

危険源に接近する頻度が低くても、法違反になる危険個所に対する設備面の安全対策を怠ってはなりません。

この程度と軽んじる心が災いを招く

多くの事業場では、設備面の安全対策が充実してきたので、昔に比べて危険な作業環境は大変少なくなってきていますが、その一方で不安全な行動による災害が目立ってきています。ですから作業に際して危険を予知して安全な行動をとらなければなりません。これくらいと思う安易な不安全行動が、とんでもない大事故や災害を引き起こすことにもなっています。

次に、こんなことでと思われる意外な災害事例を紹介しましょう。

①　錆びた鉄粉は失明を招く

グラインダによる作業時は、研削した鉄粉が目に入らないように、保護めがねをかけなければなりませんが、鉄粉が目に入ったまま放っておいたときの怖さを知らない人が意外に多いのです。

錆びた鉄粉が目に入ったまま放置すると、単にゴミが目に入ったのとは違って、目の中に緑膿菌が繁殖して失明に至るという大変な危険が生じるそうです。

鉄粉が目に入れば、直ちに眼科で洗浄してもらうのが鉄則です。

② ハンマーの返りが肺に刺さる

大ハンマーでハンマー打ち作業をしていた作業者が、ハンマーの打撃面の周囲に生じた返りによって、思いがけない大けがをした事例があります。

大ハンマーを打ちおろしたときに、ハンマーの返りが飛んで、作業者の首の所から刺さって肺に達するという、思いもかけない大きな災害が発生したのです。

このような返りが、眼球に突き刺さった災害事例もあります。

ハンマーやタガネなど、打撃面の周囲の面取りをするのは常識ですが、たかが返りと油断していると、これらのように大変なけがになるので要注意です。

③　ハンドグラインダで身を削る

多くの職場では機械の修理などのために、電気や圧搾空気を動力源にしたハンドグラインダを使用しています。

休憩前や終業時のほか、次の作業の準備をするなどのときに、研磨作業を一時中断して、ハンドグラインダの動力源を切って仮置きしようとしたとき、不用意な取り扱いによって、惰力で回転していると石が太腿などに当たってけがをした事例があります。

このような災害は、かねてから多くの事業場でよく耳にします。

動力源を切っても惰力で回転するグラインダは、まだまだたくさん使用されていますから、惰力による回転が止まったことを確認してから仮置きする動作に移ることを習慣にすることが大切です。

法律の定めを知る

①　法律の体系を知る

安全管理活動を進める上で大切なことは、理想とする最も好ましい「あるべき姿」を具体的に知って、この理想に近づけることです。

安全管理活動のあるべき姿を具体的に知ることによって、現状との差に問題意識を持つことができ、改善の必要性を認識できるのです。

安全管理と災害防止対策のあるべき姿は、労働安全衛生法と、この法律に基づく施行令や規則・通達などに示されている事柄が基本になります。

労働安全衛生法の適用範囲などを定めた政令といわれる施行令や、法律の内容を詳細に定めた省令といわれる、労働安全衛生規則や有機溶剤中毒予防規則などの各種規則が設けられています。

さらに構造規格などを定めた告示や、法律の解釈や運用方針などを示した通達もあり、労働安全衛生法はこれらの補完によって運用されていますから、労働安全衛生法の定めを具体的に知るには、法律・政令・省令・告示・通達のそれぞれを関連付けて調べなければなりません。これらを関連付けて調べると、災害を防止するために実施しなければならないことが、具体的に示されていることが分かります。

しかし、現業部門の管理者や監督者は日常業務が多忙ですから、労働災害の防止を最優先した現場管理をしなければならないと思っていても、法律用語は理解しにくいといった気持ちと忙しさのために、労働安全衛生法にかかわる定めを勉強する機会が大変少ないのが実態です。

② あるべき姿を法律から学ぶ

多くの事業場で〝つり荷の下に入るな〟と指導しており、建設現場などではこの垂れ幕が目につきます。

ところが、責任者に「つり荷の下とは、どの範囲か？」と問うと、ほとんど具体的な答えが返ってきません。「つり荷が回ったり振れたりしたときに、頭上にくる範囲である」という、通達による定めを知らないのです。

労働安全衛生規則で「覆いを設けなければならないと定められている、研削と石の外径は？」の問いに対して「五〇ミリ以上」という答えがほとんど返ってきません。

「フォークリフトなどの車両系荷役運搬機械や、パワーショベル、ブル・ドーザーなどの、車両系建設機械の運転席から、運転手が離れるときに実施しなければならない安全対策」については「荷役装置を最低降下位置に下げること、エンジンを止めること、ブレーキを確実にかけることの、三つの対策を実施しなければならない」と、労働安全衛生規則で定められているのです。

フォークリフトを運転中に、パレット上の荷が落ちそうになったので、運転者が運転席から立ち上がり、身を乗り出して荷を直そうとしたとき、チルトレバーに身体が触れてマストが傾き、ヘッドガードとマストの間で頭部をはさまれて、死亡した事例もあります。

法律の定めは運転位置離脱時の安全対策ですから、運転手が運転席から立つときに実施しなければなりません。これらについても、正しく認識していないのが多くの実態です。

脚立とウマの使い分けについても、法律の定めを正しく認識していないために、ウマを脚立として使用しているのを見かけます。

脚立については「作業を安全に行うための、必要な面積を有する踏み面がなければならない」と労働安全衛生規則で定められていますから、脚立をウマとして使用しても違反ではありませんが、ウマを脚立として使用してはならないのです。

管理者や監督者が、これらのような災害防止のために、現場で実施しなければならない法律の定めを知らなければ、適切な安全対策や安全指導ができません。

そこで筆者は、業種と管理者や監督者など対象者に応じて作成した設問に対して、解答用紙にメモしてもらいながら、楽しい雰囲気で法律の定めを具体的に学ぶ「安全クイズ」を開発して実施しており大変好評です。

それぞれの事業場でも、事業場の業種と対象者に応じて、知っておくことが必要な法律の定めを取り上げて、勉強会などによって安全対策のあるべき姿を知ることが大切です。

決めごとは具体的・定量的に

どのような業種でも、事業場として安全に作業するために守らなければならないことを決めていますが、抽象的な決めごとになっているのが多くの実態です。

いろいろな決めごとは、誰が行っても一様に正しい作業ができるよう、具体的・定量的に定めることが大切です。

①　火気厳禁の範囲を具体的に

石油精製などのような危険物を製造したり取り扱っている事業場では、事業場全体が火気厳禁として静電気の防止対策も含めて厳しい対応をしています。

製造工場など一般の事業場では、それぞれの職場で少量の危険物を使用するために、危険物倉庫のほかに、職場にもこれらの危険物の少量置場を設けています。

職場の引火性油脂や可燃性ガスなどの危険物置場にも、消防法と労働安全衛生法の定めにより「火気厳禁」の表示をしています。

ところが、火気厳禁の範囲を具体的に明示していないために、個々人の認識がまちまちになっているのが多くの実態です。

かつて筆者が事業場の安全管理をしていた頃、油脂類の危険物置き場に火気厳禁の表示をしてある職場の作業者に「火気厳禁はどの範囲か？」との問いかけに対して、誰からも具体的な答えが返ってこなかったのです。

そのうち、火気厳禁の表示のすぐ近くでアーク溶接をしているのを、たまたま見つけて唖然とするとともに、管理者としてどの範囲が火気厳禁かを、具体的に示していないことを反省したのです。

早速「周囲〇メートル以内」とか「室内」など、危険物の種類と周囲の環境を勘案して、火気厳禁の表示板ごとにフェルトペンで追記させて周知したのです。

② 「フォークリフトに近づくな」も数値で

近年は、多くの職場でフォークリフトを用いています。フォークリフトによる作業現場では、フォークリフトの運行場所と作業者の通行場所を区分しなければなりません。

しかし現実には、作業場所が狭くて完全に区分できないため、フォークリフトの作業場所に作業者が入らなければならないといった職場が少なくないのが実情です。

そこで「フォークリフトに近づくな」と指導しているものの、この決めごとも抽象的ですから、どの程度まで接近するといけないかについて、個々人の意識がまちまちになってしまいます。常にフォークリフトの近傍で作業していると、フォークリフトの危険に対する感受性が低下するので、つい接近してしまいやすいのです。

かつて筆者は、フォークリフトの大きさにより、後方の死角が異なることに着目して、どの範囲まで近づいてはいけないかを具体的に決めました。

フォークリフトの死角は運転台に座ればよく分かります。

フォークリフトの死角の大きさに応じて「五メートル以内に近づくな」とか「八メートル以内に近づくな」などと決めて、それぞれのフォークリフトの本体に大きな文字で表示して作業者に注意を促すとともに、フォークリフトの運転手も、この範囲内に人が接近すればクラクションを鳴らして、退避させることにしたのです。

このことは、各種の車両系の建設機械についても同様であり、ブル・ドーザーやパワーショベル、舗装用のローラーなどについても、それぞれ何メートル以内に接近してはいけないかを具体的に決めて指導することが大切です。

③　つり荷からの退避距離も数値で

多くの事業場や建設現場で行われている玉掛け作業についても「退避せよ」と指導しているだけで、つり荷からどの程度退避すればよいかを具体的に示していないために、退避距離に対する判断がまちまちになっています。

慣れによって、つり荷に接近していても危険と感じないまま過ごしてしまうことになりやすいので、つり荷から何メートル以上退避すべきかを、具体的に決めて指導することが

表８　つり荷からの退避距離

つり荷の高さ	つり荷からの退避距離
２m以下	２m以上
２～10m	つり荷の高さ分
10m以上	10m以上

地切り後と着地前は、つり具やつり荷に手を触れやすいので、２m以上の退避が望ましい

大切です。もし、つり荷が落ちたり振れたりして被災すると、退避が不十分であったことが原因だと玉掛け者の不注意を指摘して、今後は十分な距離をおいて退避するなどといった、抽象的な対策で済ませてしまうことになりやすいのです。これは管理者の責任回避の対応ではないでしょうか。

かつて筆者は、つり荷が地切りした後と着地前は、二メートル以上退避することと決めて指導しました。その後三メートル以上と決めている事業場もあります。いずれにしても数値で示すことが大切です。

また、天井クレーンで荷をつり上げて走行するときのつり荷からの退避距離を数値で示すために、いろいろな形状のものをいろいろな高さから落として、どの範囲まで飛び散るかを実験したことがあります。その結果、ほとんどの物はつり荷の周辺に落ちるが、つり荷の高さを半径とした範囲まで飛び散ることがあるということが分かったのです。荷を一〇

メートルの高さにつり上げていれば、一〇メートル以上退避するのが安全だということが分かりました。

この結果から、多くの作業現場の作業場所を勘案した退避基準を、数値で示して指導したのです（**表8**）。

④　階段昇降時に手すりを持つ

古くから中災防が、階段の昇降時に手すりを持とうと提唱していますが、なかなか定着しないのが多くの実態です。

講演のため住化カラーの大阪工場へ伺いました。二階の会場への階段を上がろうとしたとき、スピーカーから女性の声で「階段では手すりを持ちましょう」との音声が聞こえました。この呼びかけは一回だけでした。何回も繰り返されるより行動するときの一声の方がインパクトを与えるので、効果的だと感じながら意識が強まりました。

階段の上部や下部に人が乗ると、人感センサーが感知してスピーカーから音声を流すようにしているのです。素晴らしい工夫です。

決めごとの実践定着のためには、行動するときに気付かせる一声が大切だと、あらためて知らされたのです。

二　事故や災害の教訓を生かす

災害発生時の対応を適切に

① 災害の教訓を生かす

どこの事業場でも、近年は災害が減少しているので災害処理の経験者が少なくなっています。このことは好ましいことではあるものの、その一方で、まれに発生した災害に対する処理の仕方に戸惑うことが多くなっています。

ややもすると、発生した災害の後始末を穏便に済まそうといった、守りの対応に偏りやすいのですが、再発防止対策が不十分なまま過ごしてしまうことのないようにしなければなりません。

被災個所の再発防止対策とともに、水平展開によって他の職場でも教訓を生かして、類似災害の防止対策を確実に実施するといった攻めの安全活動が求められます。

② 根本原因を把握する

災害調査は、災害に至るまでの物の動きや、関係する人の言動について時系列に調べ、その中から災害の発生原因となった、物的要因と人的要因を把握することが大切です。

機械を停止せずに手直しをしたとか、危険な個所に手を入れたなどの現象に対して、なぜそうなったかと問いかけて根本原因を把握するとともに、管理面の問題も明らかにすることが大切です。

なぜ機械を停止せずに手直しをしたのかを調べると、製品に傷が発生しだしたので一刻も早く手直しをしなければならなかったが、機械の停止スイッチが作業場から離れているため、直ちにスイッチを操作することができないので、そのまま手直しをしたということが判明しました。「異常時は機械を止めよ」と決めていても、現実には不良を抑制するために守りにくいのです。ですから、作業場にも停止スイッチを設けることが必要になります。

ある事業場で、回転体に手を巻き込まれた災害報告書の発生原因欄に「回転体に手を出した」と書いてあり、対策欄に「回転体に手を出さない」と書いてありました。

このような現象に対する単なる対症療法だけでは、効果的な再発防止対策になりません。現象に対して〝なぜ？〟と問いかければ、根本にある原因が見えてきます。

災害調査をする際に、ともすれば責任を追及する態度に陥りやすいのですが、このような気持ちを持っていると関係者が警戒して真実を包み隠すことになり、真の原因を把握できなくなります。

適切な再発防止対策のためには、責任の所在を明らかにすることより、真の原因を把握する態度を堅持することが欠かせません。

③　再発防止対策を

災害の原因が明らかになれば再発防止対策を決めますが、理想に走っていろいろなことを決めるよりも、実施しやすくて効果の大きいものに絞って、確実に実践することが大切です。災害が発生した職場では、当分はみんなが注意して作業しますが、二〜三年もたつと忘れてしまって、決めた対策が守られていないことが多いので、設備面の安全対策を優先しておくことが肝要です。

みんなで知恵を出せば、安価にできて効果的な対策が見いだせます。

筆者が安全診断のために伺ったいくつかの事業場で、危険な個所や回転体に安全カバーを設けるようにとアドバイスし、その後しばらくして伺うと、大きい型鋼で組み立てられた、大変頑丈な重量物のカバーを設けていました。

資材費が高く、加工に多くの工数が必要であるといったコスト面の問題と、安全カバーを取り外しするときに、クレーンでつり上げなければならないといった、作業性の悪さを考えていないことに問題を感じました。

④　災害教訓の水平展開を

作業者が線材の巻き取り機械に巻き込まれて、死亡災害が発生した事業場から依頼されて安全診断を実施しました。

巻き込まれた機械は一見して、巻き込まれたときに手を負傷するものの、死亡に至るとは考えられないような、高さと幅が八〇センチメートルくらいの比較的小さな機械でした。

しかし現実に死亡災害が発生したのですから、いろいろな作業行動を想定した危険を予知して、安全対策を講じることの必要性を知らしめる災害でした。

この事業場には、同じような巻き取り機が何台も設置されていました。

被災した機械だけでなく、被災した課に設置してある他の同じような機械についても、再発防止のための適切な安全カバーを設けていました。

しかし驚いたことに、他の課の同じような巻き取り機には、安全カバーは設けられていなかったのです。被災して三カ月もたっているから、安全カバーを設けることは可能です。死亡災害が発生すればショックを受けるので、被災した機械については幹部も関心を持って、直ちにあらゆる再発防止対策を実施しますが、他の類似設備については、つい対策に抜かりが生じやすいのです。

他社で発生した大事故の教訓を生かさなかったために、類似の大事故を発生させてしまって報道され、社会的な問題になった事例は珍しくありません。

他の職場や他の事業場とともに、他社で発生した事故や災害についても教訓を生かして、再発防止対策を怠らないようにしたいものです。

ヒヤリ・ハットの事例を生かす

近年、古い歴史を持つヒヤリ・ハット報告活動の必要性が、多くの事業場で改めて認識されています。

ヒヤリ・ハット報告活動に取り組んでいるものの、満足できる成果に結びついていないとか、活動が低調であったりマンネリ化しているなどの問題が多くの職場で提起されてい

表9　ヒヤリ・ハット報告の取扱い方法の区分表

区分	判断の目安
A	大きいけがに結びつく可能性が高いもので、根本的な対策が必要なもの
B	けがをするかもしれないもので、職場のみんなで検討した方がよいと思うもの
C	けがをする可能性は少ないが、条件によってはけがをする心配があるので、職場のみんなに知らせて、注意を呼び起こすだけでよいと思うもの

区分	取扱い方法
A	管理者も入って検討する （他の課や他の職場でも教訓になるものは、コピーを他の課や他の職場へ送付する）
B	職場のみんなで検討する
C	毎日の始業時ミーティングで、前日に報告されたものを全員に紹介して、短時間で話し合って教訓を確認して行動に生かす

ます。

ヒヤリ・ハット報告活動は、本来は危なかったことを体験して「ヒヤリ」としたり、危ないことに気付いて「ハッ」としたことを報告し合って、同じようなことが起こらないように対策を講じる活動なのです。ヒヤリ・ハットは、運が悪ければけがをしたかもしれない体験をした危険ですから、災害に準じた再発防止対策によって、危険のない職場づくりに一層役立てるための工夫が求められます。

ヒヤリ・ハットを報告したのに、無視されたり対策をなおざりにされると、報告する気になりません。

報告されたヒヤリ・ハットは、一件ごとに再発防止対策を実施することが大切です。そのために職場の監督者が、すべての報告書を危険度に応じてＡＢＣの三つのランクに区分し、区分に応じて再発防止のための対応をすれば効率的です（表9）。区分が不適切なものは、職制の各責任者を通して管理者に報告する段階で、上位者が修正すればよいのです。

区分Ａのものが多いということは、大変危険な個所や行動が多いということなので、職場の危険排除に対して、より積極的に取り組まなければなりません。

ヒヤリ・ハット報告活動が活発な職場では、注意を喚起するだけでよい区分Ｃのものがほとんどなので、検討会を行う負担は大きくなりません。

災害の再発防止対策と同様に、ヒヤリ・ハットについても、設備や機械・器具の本質的な安全対策を優先することが求められます。

しかし技術面や資金面で、すぐ改善できないものがあります。そのときは、報告してくれた人に心を込めて、改善できない理由を説明して納得してもらう、クイックレスポンスを心掛けるとともに、災害はいつ起こるか分かりませんから、このような場合に「取りあえずどうするか」を考えて、すぐできる安全対策を実施することが大切です。

例えば開口部がある場合に、職場にある手頃な板を置いてふさいだり、ロープを張って立ち入り禁止の表示をするなど、どんなささいな不安全状態でも放置しないことが肝要です。

ヒヤリ・ハット報告の提出件数によりますが、おおむね六カ月ごとにすべての報告を、事故の型別や作業個所別に分析したり、物的原因や人的原因について分析したりして、ヒヤリ・ハットの発生傾向をつかんで、重点的に一斉点検と改善を実施することも大切です。

過去の災害カレンダーづくりを

近年は、過去に発生した災害と同じような、在来型の類似災害が大変目立っています。少なくとも、自分たちの職場や事業場で発生した過去の災害は、先輩や同僚が大変な苦しみを味わった身近な教訓ですから、何としても再発を防止しなければなりません。

過去に起こった災害の一覧表を作って、類似災害防止のための一斉点検を実施したり、勉強会や朝礼などで教訓を確認したりしている職場をよく見かけます。

しかし、過去に発生した多くの災害の教訓を、一斉に生かそうとしても覚えられないいた

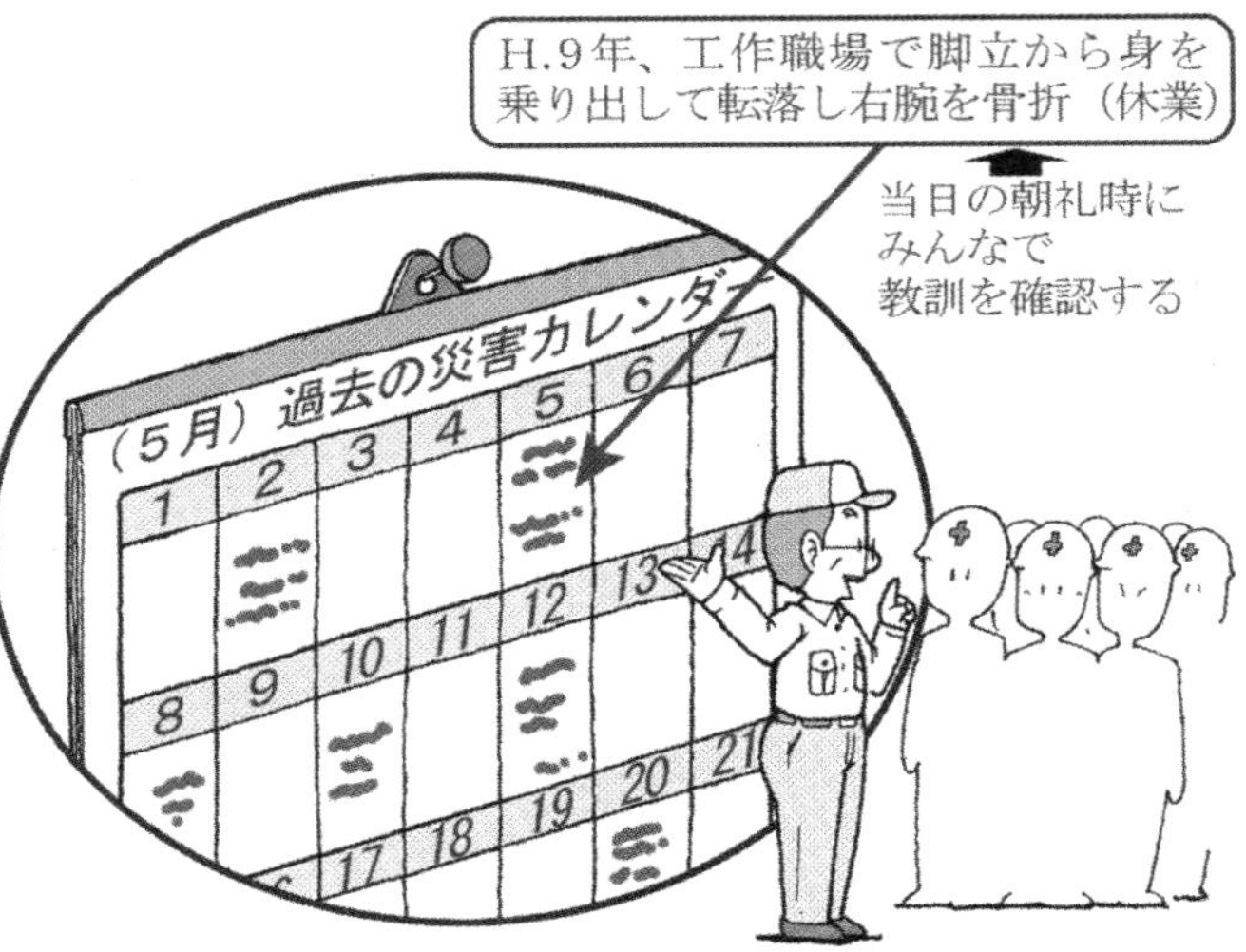

作って生かそう過去の災害カレンダー

めに、日々の作業での実践に役立てることが難しいのです。

過去の災害の教訓を、日々の作業の中に生かすための効果的な方法として、筆者は「過去の災害カレンダー」づくりを提唱しています。

過去の災害の多さにもよりますが、過去五年間か一〇年間以内に発生した事業場全体の災害のうち、教訓として生かさなければならないものを取り上げて、災害が発生した月日の欄に災害の発生場所と発生状況、被災の程度などを、簡潔に記入したカレンダーを作って、各職場に配布しておきます。

過去の災害が少なければ会社全体の

災害を取り上げればよく、災害が多ければ自分たちの部や課の災害だけを取り上げるか、休業災害だけを取り上げるなどの工夫をすればよいのです。

この手づくりのカレンダーは、職場ごとに朝礼を行う場所に掲示しておいて、カレンダーに過去の災害が記入されている日は、朝礼で、その日の過去に起こった災害の内容を確認して、類似災害の防止対策が定着しているかをみんなで確認します。

そして当日の作業の中で、類似災害防止のために心掛けるべきことを一ポイントに絞って、唱和により実践することを意思結集して意識づけをするとよいのです。

ある事業場の安全管理者から、事業場の災害カレンダーを作成して各職場に配布したが、災害は減少しないとの話を聞きました。よく聞くと、職場に掲示しているだけとのことでした。そこで筆者は、何事でも掲示するだけでは情報の伝達に過ぎないので、教訓を生かして類似災害の防止に役立てる具体的な対応が必要だとアドバイスしました。何事も「実践なくして成果なし」です。

過去に死亡災害が起こった日は、災害の内容を確認してから、みんなで黙とうして冥福を祈ることによって、安全作業の大切さを再認識することに役立てたいものです。

三　生き生き職場づくり・スッキリ職場づくりを

挨拶運動で良い人間関係づくりを

私たちは社会生活の常識として、日常、隣人や知人と顔を合わせると挨拶を交わしています。挨拶をしないという状態は人間関係がまずい証拠であり、職場でも同じように、毎日、お互いに気持ち良い挨拶を交わすことが良い人間関係づくりに欠かせません。良い人間関係をつくることが、すべての活動の出発点なのです。

安全活動の進んだ事業場では、挨拶運動を大変重要視して積極的に進めています。

こちらから挨拶をしても、相手が挨拶をしてくれなかったり、小さな声やそっけない挨拶をされると「自分に対して良い感情を持ってくれていないのではないか」と思うことがあります。お互いに「相手の目を見て明るく元気に」を心掛けて挨拶を交わせば、心の通い合う人間関係づくりに大変役立ちます。

挨拶は、出勤や退社などのときの個別挨拶と、朝礼や作業前のミーティング、各種の会議や集会などの始まりと終わりに、みんなで交わす一斉挨拶があります。

「ご安全に！」のような挨拶用語に統一しておけば、いつでもどこでも昼でも夜でも「ご安全に！」と挨拶すればよいわけで、会議などの始めと終わりにも「ご安全に！」と一斉に挨拶をすることによって、会議が引き締まります。

挨拶が良い事業場では、職場に活気があり、必ず安全成績が良いといっても過言ではありません。

近年は多くの建設現場などで「一声かけ運動」や「オアシス運動」と名付けた運動も進められています。

たかが挨拶と思いがちですが、簡単なようでなかなか定着しないのが挨拶なのです。

しかし挨拶は良い人間関係をつくり、みんなが協力し合って、すべての職場活動に魂を入れて積極的に取り組む風土づくりに欠かせません。

管理者や監督者が先手挨拶をしながら、挨拶をしない人に根気よく指導することが、挨拶運動を定着させる決め手になるのです。

「ご安全に！」その由来と心

「ご安全に！」の挨拶言葉は、住友金属工業（現・新日鐵住金）が日本の製造業での発祥とされています。

お互いに気持ち良く協力し合えるように

昭和二六年に欧州に留学した同社製鋼所製鋼課の副長であった大中都四郎さんが、ドイツのジーガーランド地方の首都ジーゲンにある鉄鉱石の鉱山を訪問しました。

ここでは、「Guten Morgen《グーテンモルゲン》」（おはようございます）と挨拶しても誰も応答してくれず、「Glück auf《グリュックアウフ》」（「ご無事で」という坑内作業員の挨拶言葉）と挨拶しなければ応答してくれませんでした。ジーゲンでは家庭に入っても挨拶はすべて「Glück auf」であったそうです。

終戦直後、わが国の炭鉱でも「ご安全に！」の挨拶をしなければ何も教えてくれず、家庭での挨拶言葉も「ご安全に！」であったといいます。

当時の「危険に満ちていた坑内作業員とその

家族の安全を願う暗い地底からの叫び」に思えます。

大中副長が帰国する直前に、同社の製鋼所で事故によって五名の死亡災害が発生しました。この災害に心を痛めた製鋼課の土居寧文課長から、安全を啓蒙する良案はないかと相談された大中副長がジーゲンでの挨拶用語を思い出して「ご安全に！」を提案したのです。

土居課長と大中副長は「ご安全に！」を課の挨拶言葉とすることに決め、下部からの盛り上がりによる「ご安全に！」運動を推進し、さらに昭和二八年より、この挨拶運動を事業場全体に展開し、さらに全社的に普及を図ったのです。

現在では、この挨拶用語が日本の多くの企業に普及しています。

「ご安全に！」。これほど便利で簡明な挨拶言葉が他にあるでしょうか。あらゆる挨拶がこの一言で済み、多くを語らずとも「お互いにけがをしない・させない。あなたもどうぞご無事で幸せに！」を心から誓い合う挨拶言葉です。一人の災害も出さない気持ちを込めて「ご安全に！」の挨拶を交わしたいものです。

仕事は報告して終わる

指示した仕事に対する結果の報告がないために、指示者は「仕事が終わったのか？　問題はなかったのか？」といったことが大変気になるものです。

生産現場とともに建設や大規模な補修工事などでは、毎日の実績を上司に報告するのが当たり前になっているものの、小改善などのような特別に指示して臨時に行う作業については、作業が終わったことを報告しないままにしておくことがよくあります。指示した人は、作業を円滑に終えることができたかが気になっているのです。

仕事は「指示された人に結果を報告して終わる」ということを意識づけして、作業が終われば問題の有無にかかわらず、指示者に作業の結果を報告することを職場の風土として定着させることが大切です。

静の4Sから動の4Sへ

①　環境は人の意識と行動を変える

私たちは、ゴミが散らかっている職場や道路などでは、ついポイ捨てをしてしまいやすいのです。

近年、全国の主要な駅の構内や空港などは、乗降客が多いにもかかわらず４Ｓ（整理・整頓・清掃・清潔）が実によく行き届いており、ゴミやホコリなどが見当たりません。百貨店なども同様です。近年は大規模の工場や建設工事現場などの4Sが大変よくなりましたが雑然とした職場もよく見掛けます。キレイに整備されているとポイ捨てはできないといった心理になります。ポイ捨てをしても、とがめられることはないものの、ゴミ箱を探して捨てるという意識が自然に働いて行動します。

このように、スッキリとした良い環境は人の意識を変えて自然にマナーが良くなり、正しい行動をする人づくりに役立つとともに、危険な個所が目立つので、危険に対する感受性も高まります。

② 作業性を考えた4Sを

4Sは、安全のみならず仕事そのものを効率的に進める基本でもあります。

4Sが良くない職場では、気持ち良く働けないばかりでなく、注意しなければならない個所や、作業のダラリ（ムダ・ムラ・ムリ）が多く、職場規律も守られず雑な作業をしてしまってエラーをしやすく、仕事の出来栄えも悪くなり、どんな安全活動をしても成果をあげることはできません。

4Sが良くないと次のような問題が生じます。

○作業場に不用品の手持ちが多くなる
○必要な道工具や資材などをすぐ取り出せない
○整理整頓が悪いことに対する注意が必要
○危険な個所に気が付きにくい
○作業がしにくくて能率が上がらない
○つい雑な作業をしてしまい、仕事の出来栄えが悪くなる
○気持ち良く働けない　など

４Ｓは作業現場だけでなく、オペレーター室や現場詰所、休憩室、事務所なども対象です。

かねて、多くの事業場や建設現場において幹部などによる安全巡視を受ける際に、それぞれの職場では、日頃と全く異なった見違えるような状態にして巡視者を迎えましたが、この巡視のときの状態は、作業性を無視して見苦しく感じるものを、すべて目につかない所に格納してしまうことが多かったのです。

例えば、常に使用するワイヤロープや道工具などを、道工具箱の中などに入れたり壁の裏側に隠すなど、見かけのスッキリさを求めた4Sを行って、巡視が終われば再び取り出して作業場に置くことになります。

このような、作業性を考慮しない見かけの4Sは「静《せい》」の4Sであり、このようなことを繰り返していては、いつまでたっても日頃の実態が良くなりません。

大切なことは、作業性を考えた物の置き場と置き方を工夫した4S、すなわち「動《どう》」の4Sを進めることです。

この動の4Sを進める場合に、モデルになる職場を指定して4Sの模範をつくり、その状態を他の職場の人たちに見せて、あるべき姿を具体的に実感させれば、横断的なレベルアップに役立つのです。

③　ダイナミックな整理の勧め

4Sは、まず整理をすることです。

整理は、要るものと要らないものを仕分けて、要らないものを処分することですが、作業場にあるすべての物を一品ごとにチェックすると、「要るか要らないか分からないが、捨てるのがもったいない。置いておけば、いつかは便利だ」と思う物が意外に多いのです。このような物も作業場に置いておくから、作業場が狭くなり整頓をしにくくしてしまうのです。

筆者の実務体験から、職場にある物から不要な物を選別するのではなく、常時使用する物だけを選別して、その他のすべての物は、課の建物の片隅に「共同置き場」を設けて、まとめて置くといったダイナミックな整理によって、作業場に置かなければならない物が激減し、それぞれの職場での整頓が大変しやすくなったのです。

まれに必要になった物は、その都度、共同置き場から持ち出して使えばよいのです。

このことによって、各職場で持っていた余分な道工具や資材を、他職場へ流用することができたので、大幅な節約にも貢献しました。

整頓は、すべての品種ごとに置き場所を決めて安全な置き方をし、それぞれに「〇〇置場」と表示するのが基本です。

四　事故・災害の防止に役立つ職場安全活動を

安全確認に役立つ指差し呼称を

①　指差し呼称の必要性

安全人間工学の草分けであった故橋本邦衛教授が、脳波のパターンからエラーをする潜在的可能性（ポテンシャル）を、**表10**のようにフェーズ「Phase」０から４までの五段階に分類しています。

エラーを防ぐためには、フェーズ３の状態で作業することが大切ですが、誰でもフェーズ３の状態を長く続けることはできず、通常はフェーズ２の状態で仕事をしています。座って単純な仕事をしているときは、フェーズ１に陥ることもあります。トラブルが発生したときなどは、フェーズ４の状態になりやすいのです。

ヒューマンエラーを防止するためには、フェーズ１や２、フェーズ４などになっている意識レベルを、フェーズ３の意識レベルにチェンジすることが必要です。

とりわけ、絶対に間違えてはいけない動作をするときに、フェーズ３の意識レベルに切り換えることが大切です。

表10　エラーをする潜在的可能性

フェーズ0	睡眠状態や失神している状態で意識がない。
フェーズ1	酒に酔っているときのような、ぼんやりしたりしている状態や、居眠りをしているときのように弱い意識状態で、疲れきって思考能力がほとんど停止している状態であり、居眠り運転やぼんやりエラーを犯しやすい。
フェーズ2	単純な作業を行っているときのような心がリラックスしている状態で、先を予測したり事態を分析する能力が発揮されない状態で、うっかりエラーを犯しやすい。
フェーズ3	大脳が積極的に活動しているときのような、適度な緊張感と注意力が働いている思考が明快な状態で、事態の分析や予測能力が最もよく発揮されるので、ほとんどエラーをしない。
フェーズ4	極度に緊張したり興奮している状態で、注意力が一点に集中していて思考狭窄に陥ってしまって、冷静な分析や判断による臨機応変の対応ができず、かえってエラーを犯しやすくなる。その極点がパニック状態である。

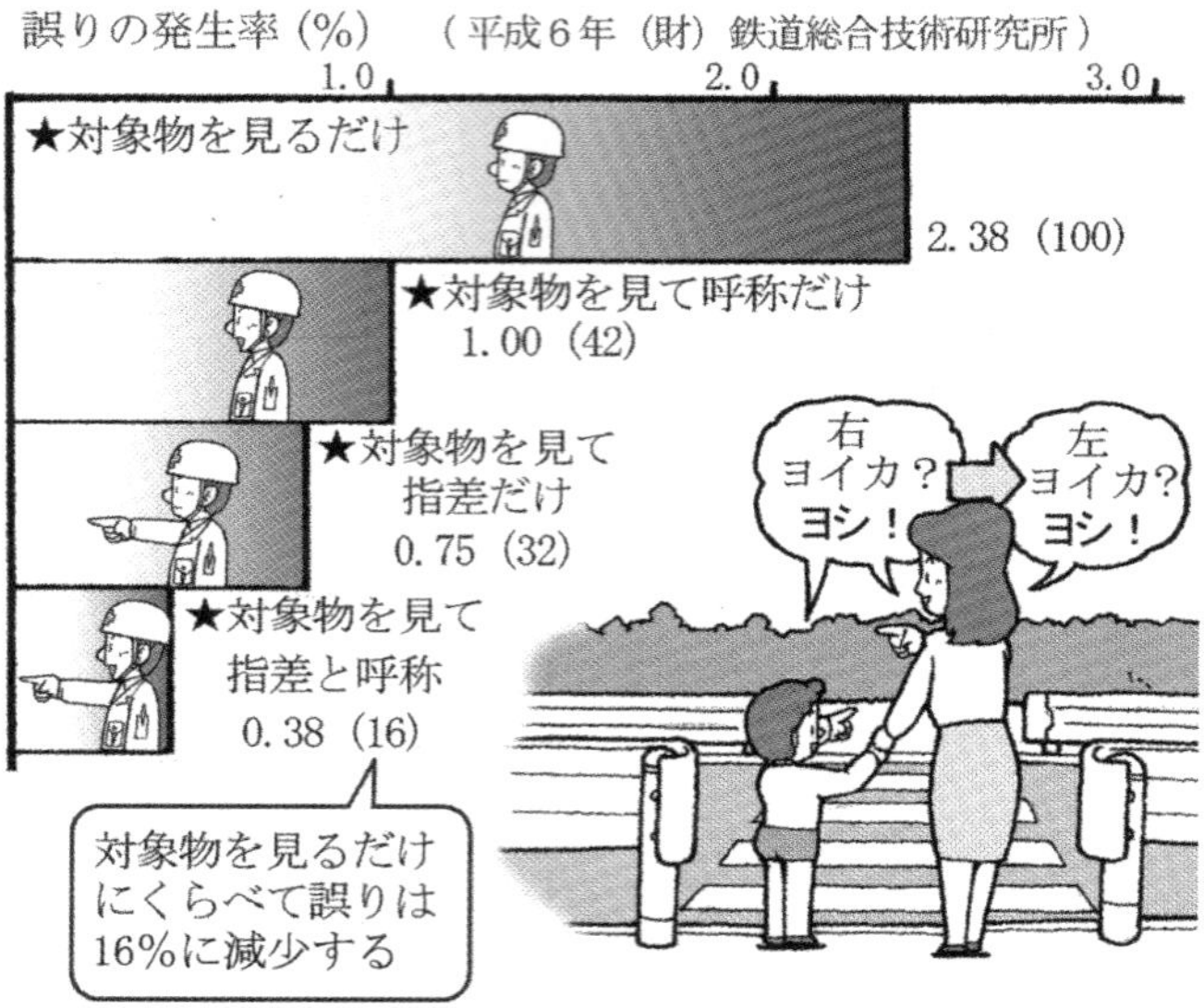

指差し呼称の仕方と誤りの発生率

この方法として、指差し呼称によって腕や指と口の回りの筋肉を動かせば、大脳に刺激を与えるので大きい効果があるとされています。

一方、平成六年に発表された鉄道総合技術研究所の実験結果から、何もしないときに比べて指差し呼称を行えば、誤りの発生率は十六%に減少するとのデータで、その効果が定量的に立証されていることは周知のところです。

近年は、ヒューマンエラーによる災害が目立っていることが、多くの事業場の悩みとなっています。ＫＹＴと指差し呼称がヒューマンエラーの防止に有効であるので、中災防のゼロ災運動にもＫＹＴと一体のものとして取り上げられており、ＫＹＴとともに指差し呼称が多くの事業場に導入されています。

② 指差し呼称の問題

指差し呼称は、照れ臭いとか格好が悪いといった気持ちなどから、実践がなかなか定着しないとか、実践していても見せかけの指差し呼称になってしまって、肝心の安全確認がされていない、といった問題がよく提起されています。

指差し呼称を積極的に進めている事業場で、「スイッチ入リ、ヨシ！」と、格別大きい声と動作で指差し呼称をしてスイッチを入れたところ、誤操作をして事故が発生したといった事例がありました。

「○○」と呼称してから状態を確認して、よければ「ヨシ」と呼称すればよいのですが、状態を確認する動作を入れていないからです。

指差し呼称を行うタイミングも問題です。

バルブ開の操作をしてから「バルブ開、ヨシ！」と指差し呼称をしたり、スイッチ入りの操作をしてから「スイッチ入り、ヨシ！」と指差し呼称したりしていることがあります。

バルブやスイッチを操作した結果を確認するためならこれでよいのですが、バルブやスイッチの操作ミスを防ぐための指差し呼称ならば、操作をしてからの指差し呼称では、もし操作を間違えていると指差し呼称を行う意味がなくなります。

③ 確認に役立てる指差し呼称の基本形に一工夫を

指差し呼称は、状態を確認するために行う手段ですから、確認することに役立てるための一工夫をしたいものです。

そのために「○○ヨシ！」と続けるのではなく、「○○」と「ヨシ！」の間に、状態を確認する動作を入れることが大切です。

呼称の声は、呼称した内容が自分にハッキリと聞こえる大きさで歯切れよく呼称し、キビキビとした動作で行えば意識をクリアにすることができます。「バルブ開、ヨシ！」とか「スイッチ入り、ヨシ！」などと表現が肯定形であるために、状態を確認しようとする意識につながりにくいとの指摘もあります。

確認する意識を働かせるには、「○○ヨイカ？」と状態を疑問形で呼称して、よければ「ヨシ！」と呼称する、自問自答による指差し呼称がより効果的です。

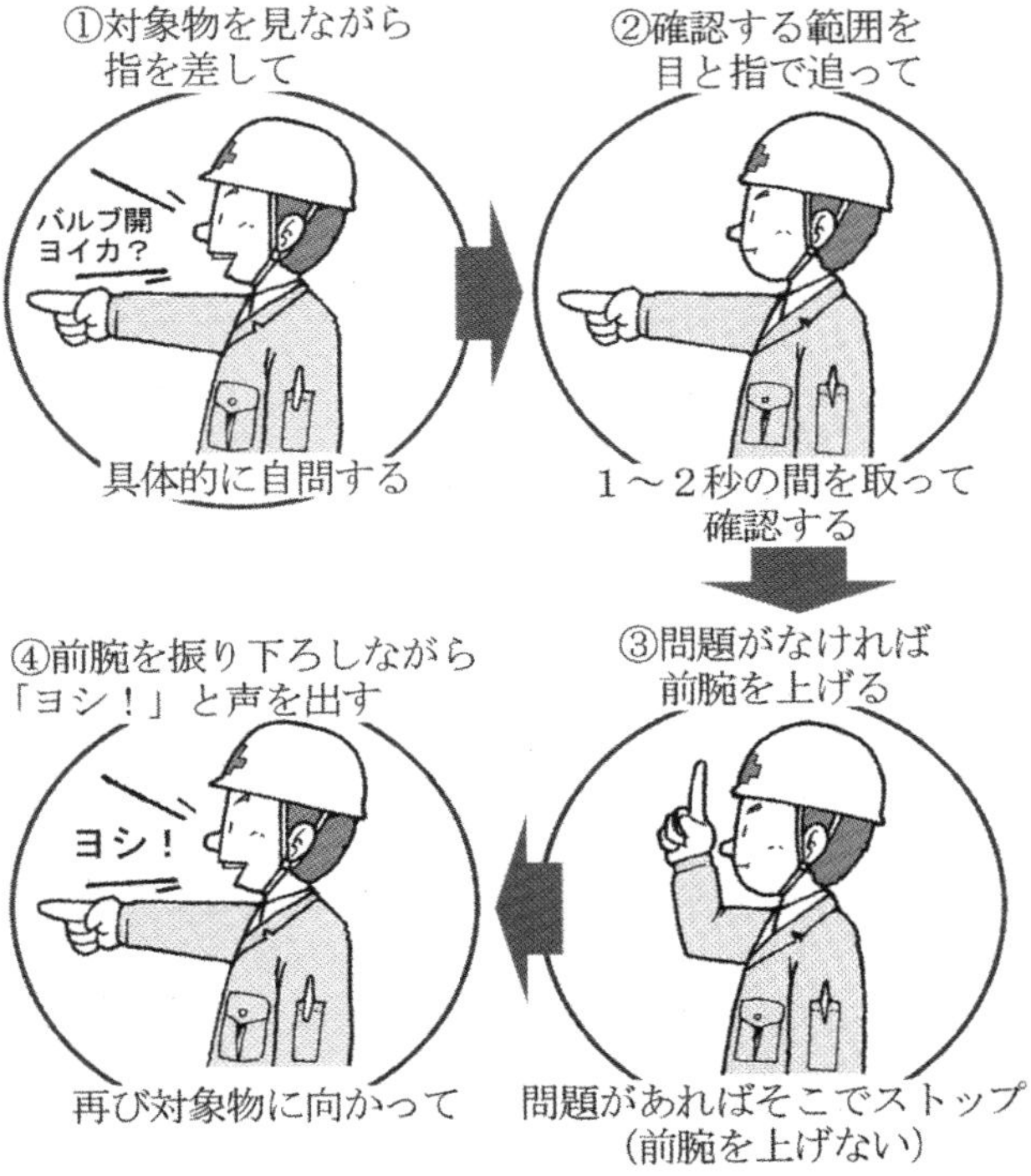

確認することに役立つ指差し呼称の基本ステップ

この自問自答による指差し呼称の基本動作は、まず対象物を見ながら指を差して「〇〇ヨイカ?」と呼称します。

次いで、確認しなければならない個所や範囲を、目と指で追って状態を確認するのです。そして状態がよければ、前腕を上げて降り下ろしながら「ヨシ!」と自答します。

例えば、「スイッチ入り、ヨイカ?」と呼称した後、スイッチを入れると影響を受ける範囲を目と指で追って安全な状態であるかを確認します。

玉掛け作業で「退避、ヨイカ?」と呼称した後は、つり荷が自分の方に振れた場合に、自分に当たらない距離を空けているか、もし自分の方につり荷が大きく振れてきた場合に、後方に逃げられるスペースがあるかを確認することが大切ですから、つり荷からの距離と後方を目と指で追って確認するのです。

一~二秒間の間があれば、目と指で追って状態を確認できます。

状態がよくなければ「ヨシ!」の自答なしです。

エラーを防止するためには「安全な状態であるか?」「正しい状態であるか?」を具体的に確認してから行動することが大切ですから、行動の前に指差し呼称を行うのが基本です。

ただし、調整した圧力が正しいか、設置した脚立の安定がよいかなど、操作や作業した結果が正しい状態かを確認することが必要な場合は、操作や作業直後に指差し呼称を行います。

④　共同作業時は相互確認

機械の修理中に、同僚がうっかりしてスイッチを入れたために、機械が動き出してけがをしたといった、共同作業での相互安全確認がされないことによる災害が後を絶ちません。共同で作業をする場合の同僚に対する安全確認を、指差し呼称によって行うことが大切ですが、相手に安全な状態であるかを確認するための呼称用語も必要です。

共同作業のときは「○○ヨイカ？」と相手に確認することを問いかけて、相手から「○○ヨシ！」と応答を受けてから操作するなどの行動をします。

例えば、二人で玉掛け作業を行うときは、主の玉掛け者が玉掛け補助者に「退避、ヨイカ？」と指を差して問いかけます。玉掛け補助者は、同様に呼称して自身の退避が適切かを確認し、よければ「退避、ヨシ！」と呼称します。

主の玉掛け者は、これを受けて「退避、ヨシ！」と玉掛け補助者の退避を確認をした後、自身の退避を自問自答によって確認して、よければ「退避、ヨシ！」と呼称して作業を進めます。

修理作業などでスイッチを入れるときなども、相手に「スイッチ入れ、ヨイカ？」と確認して、相手から「スイッチ入れ、ヨシ！」と応答を受けてからスイッチを入れるなど「ヨイカ？　ヨシ！」の指差し呼称の用語をそのまま活用すればよく、これによって状態が具体的に確認でき、共同作業におけるヒューマンエラーの防止に寄与するのです。

職場のみんなで合意した上で、作業中に行っている指差し呼称をビデオ撮りし、みんなで再生を見ながら話し合って、指差し呼称の仕方の改善に役立てている事業場もあります。

特急『しなの』の運転手の指差し呼称

長野県の茅野へ行く機会がありました。その際に、これぞ目指すべき指差し呼称だと、目からうろこが落ちる思いをさせられたので紹介します。

名古屋駅で新幹線から中央本線に乗り次いで、長野駅まで走っている特急『しなの』の先頭車両に乗車しました。名古屋駅を出て走り出した列車の運転席から、ひっきりなしに大きな声が聞こえてきたのです。

「あれ！」と思って前方を見ると、運転手が指差し呼称をしているのです。関心があるので一番前の座席に移動しました。

運転手が、大きい声を出して大きい動作で行っている素晴らしい指差し呼称に、目が釘付けになりました。信号や制限速度・通過時刻など、前方を指差して呼称してから計器や時刻表などに指を差して、キチンと確認していたのです。じっとしている時間はほとんどなく、あまりにも頻繁に行っていたために、ついつい見とれていました。

今まで出張時に、全国各地で電車の運転手の指差し呼称を拝見しましたが、このような素晴らしい指差し呼称に出くわしたのは初めてでした。

そのとき、「多分このような素晴らしい指差し呼称は、しばらくの間だけだろう」とか「上司がこっそり乗車して、チェックしているからではなかろうか」など、よからぬ憶測をしながら見渡しても、その車両にはほとんど客は乗っていないし、それらしき人は見当たりません。

列車はどんどん進行し一時間を過ぎても、相変わらず指差し呼称を頻繁に行っていました。電車の運転手が指差し呼称をキチンと行えば、大変忙しいものだと初めて知りました。

車内販売の女性がやってきたので声をかけると「この線の電車の運転手は、いつも大きい声を出していますよ」と話していました。

時間のたつのも忘れて、この素晴らしい指差し呼称に見とれながら、一時間五〇分ほどたって列車は塩尻駅に到着しました。茅野方面行きの列車に乗り換えるためにホームに降りました。運転手も下車してきました。塩尻駅で運転を交替するようです。

つい運転手に話しかけたくなりました。胸には「原」と書いた名札をかけていました。「あなたの指差し呼称は素晴らしい」と感想を述べると、原さんは「しばらくじっとしていると、つい眠くなるから頻繁に行っているんです」と話されました。

指差し呼称に心を込めて、安全運転に心掛けて努力している原さんに敬服しました。座ったままの姿勢を続けなければならない電車の運転は、フェーズ2や1に陥りやすい仕事です。意識レベルをフェーズ3の状態にするために、指差し呼称を効果的に実践している事例として大変参考になりました。

その後しばらくして、名古屋駅から刈谷駅まで快速電車に乗車しました。運転手は女性でした。同じように、大きな声を出して確認動作を入れた指差し呼称をしていました。

これらのような心掛けをしている運転手が乗務するJR東海さんの電車だからこそ、事故がなく安心して乗せていただけると感じたのです。

作業手順の標準化を進める

①　作業手順書作成時の留意点

労働安全衛生規則の定めによって、新たに職長に任命するとき、作業手順書の作り方についても教育しなければならないと義務づけられているのは周知の通りです。

作業手順書は、定常作業の危険度の高いものを優先して作るとともに、非定常作業や予測される緊急作業についても、積極的に作成して活用することが望まれます。

多くの事業場では、たくさんの作業手順書を作成しているものの、実作業にほとんど役立てていないといった実態が少なくありません。監督者が作った作業手順書をファイルしたままで、作業者が理解していないとか、誰も見ることなく過ごしている職場があります。

作業手順は管理者が決定しなければなりませんが、職場のみんなで検討して、みんなの合意によって案を作成することが、作業者の理解を深め作業手順を守る気持ちを高めることに役立ちます。また、みんなで検討する過程が教育の場にもなるのです。

作業手順書を活用しやすくするために、簡潔に表現するとともに、一つの作業手順書は一頁に納めて、一件ごとに透明のビニールなどのケースに入れて、取り出しやすいように分類しておくとよいでしょう。

② 作業手順書を活用する

作成した作業手順書は、雇い入れ時や作業内容変更時の教育とともに、少なくとも毎月一～二回は職場の人たちで、危険性の高い作業や守られていないと思われる作業の作業手順書を取り出して勉強したり、動作点検を行って、手順書で決めた安全な作業方法の定着に努めたいものです。

動作点検は、安全当番になった人が同僚の行っている作業を観察しながら、作業手順書の内容と実作業の違いをチェックして、違っている点を透明のケースの上から水性ペンでメモしておき、その後の職場検討会で違っている点について検討して、作業方法を改善したり作業手順書の内容を改定することに役立てる方法です。

③ 小まめに作業手順書の見直しを

作業手順書は作業を安全で円滑に進めるために、みんなが守らなければならない大切な基本ですから、作業の実態に合った手順書でなければ、日々の作業行動に生かすことはできません。事故や災害が発生したときは作業手順書の内容を確認して、必要に応じて見直しておくことが大切です。

近年はどこの職場でも、設備や作業方法の改善は日常的に行われています。ましてや昔と違って、市場ニーズの変化に対応した製品づくりのために、作業方法を目まぐるしく変えなければならない状況になっているのが多くの職場の実態です。ですからしばらくすると、以前と全く異なった作業方法に変わってしまうので、よほど小まめに見直しをしなければ、実際の作業にそぐわないものになってしまいます。

しかし現実には、作業手順書の見直しをしないままになりやすいのです。

かつて事業場の各部門で一斉に、すべての作業手順について実際の作業と対比したところ、作業にマッチしていないものが四〇％もあり大変驚いたことがありました。

少なくとも二〜三年ごとに、職場にあるすべての作業手順書の内容を一斉に点検して、実態に合ったものにしておくようにしたいものです。

第四章　ライン管理者に必要な心掛け

一　個々人が日頃強く持っている意識

管理者や監督者に、年始に社長から示された会社の重点目標を伺っても、ほとんどの方は覚えていません。まして、今年の安全衛生管理計画の重点実施項目として、どのような事柄が示されているかについても、覚えていないのが多くの実態です。

では個々人が、日頃どのようなことを意識して仕事を進めているのでしょうか。どのような立場の人でも、日頃の作業の中で強く意識していることは、日頃接している直属の上司が常に強調していることなのです。

上司が常にコストダウンを強調していると、そのことが個々人の強い潜在意識となり、この潜在意識が作業中の随所で顕在化して、意識的な行動につながるのです。

能率を強調すれば能率を、不良の減少を強調すれば不良の減少をというように、上司が常に強調していることを強く意識して行動します。

現業部門の管理者は、毎日の生産や工事の進捗と品質については、熱意と関心を示して実績を把握し、きめ細かく具体的な指示をしています。しかし安全については、毎日のように問題や事故が起こるわけではないので、つい口にすることなく過ごしてしまいやすいのです。

大きな事故や災害が発生したときや安全衛生委員会などで安全最優先を強調していても、日々の業務の中で安全に対する熱意と関心を具体的に示さなければ、個々人の安全意識が乏しくなってしまうということを銘記しなければなりません。

現業部門の管理者が、生産や工事を効率的に進めるために、毎日の実績に熱意と関心を示しながら、具体的にきめ細かい指示をするのは当然ですが、その毎日の管理の中でチョット気配りをして、安全に対しても熱意と関心を具体的に示すことが、個々人の安全意識を高めて安全活動を活性化させ、安全を心掛けた行動の定着に寄与するのです。

二　作業者の安全意識が低いのは

安全研修会などで、現業部門の多くの管理者から「職場の人たちの安全意識が低い」とか「生産活動はマンネリ化しないが、安全活動はマンネリ化しやすい」「どうすれば安全意識を高め、安全活動のマンネリ化を防ぐことができるか」といった問題提起と質問が絶えません。

職場の人たちの安全意識が低いとか、安全活動がマンネリ化するなどは、管理者である自身の安全に対する日頃の姿勢が不十分であることを、猛烈に反省しなければならないのではないでしょうか。

「子供は親の背を見て育つ」といわれるように、職場の人たちは直属の上司の日々の言動を見ていることを忘れてはなりません。

「自分が変われば、みんなが変わる。みんなが変わらないのは、自分が変わらないからだ」なのです。

現業部門の管理者はこのことを念頭に置いて、泥臭いことでよいので毎日の仕事の中に安全の指示や指導を含めるとともに、安全活動にも関心を示すことが、安全意識を高め安全活動のマンネリ化を防ぐ特効薬なのです。

三　ある管理者の失敗

人事異動で、入社以来ずっと技術畑ばかりを歩んできた人が、従業員二〇〇人規模の現業課の課長として着任しました。

その課は、かねてから安全に対しても熱心に取り組んでおり、長年にわたってゼロ災害を続け、他の課の模範的な存在でした。

新任の課長が、次のような着任の挨拶をしたのです。

「皆さん方もご存じの通り、私は技術畑を歩んできたので技術的なことは分かっているが、安全については実務の経験がないので分からない。ですから皆さん、安全についてはよろしく頼んでおく」と。

その後は、生産面についてはは日々いろいろ具体的に指示するものの、安全については部下任せにして関心を示しませんでした。

この課長は、安全を軽視する気持ちは全くなかったのです。自身の安全に対する知識が乏しいことと課全体の安全水準が高いことから、安全については部下任せにしたのです。

職場の整理整頓は日を追うごとに悪くなり、安全活動も低調になりました。

安全スタッフ部門から助言されたり、事業場の総括安全衛生管理者から厳しく指導されても、災害が発生していないことから一向に改善しませんでした。

ところが、半年ほどたって一〇日間の休業災害が発生しました。この災害の検討会で出席者や上司から、この課長の安全に対する姿勢のまずさを大変厳しく指摘されたのです。

そこで課長は、ようやく安全に対しても日々関心を示すようになったのです。するとこの課には、かねてから培ったポテンシャルがあったので、間もなく元の良い状態に回復しました。

管理者は安全に対する熱意と関心を、毎日示すことが大切であることを思い知らされる出来事でした。

四　現場に出た都度安全指導を

現業部門の管理者が行っている定例の安全巡視では、安全面についての問題の有無を意識してチェックします。

しかし日頃の現場巡視の際、安全面についてもチェックしようと思って事務所から出かけても、現場に入ると生産や品質・機械の調子などが気になるので、安全面については意識することなく過ごしてしまいやすいのです。

建設工事についても同様で、店社の幹部が現地へ赴いたとき、工事の進捗や出来栄えなどについてチェックして、きめ細かく指示したり指導しますが、安全面については、よほど危険な現象が目にとまらないかぎり、口にすることなく過ごしてしまいやすく、せいぜい「安全には留意せよ」と抽象的な言葉にとどまってしまいます。

朝礼や安全会議などで安全最優先の作業を強調しても、自身が安全に対する熱意と関心を毎日具体的に示さなければ、管理者のホンネは安全最優先ではないとの思いを持たせてしまって、安全意識を低下させてしまうことを心しなければなりません。

管理者は、毎日の業務の中で現場に出た都度、一回以上は必ず安全について具体的な指導をする「安全一日一善」を心掛けることを、毎日根気よく続けることが大切です。

五　トラブルや事故発生時の管理者の第一声

管理者の安全に対するホンネは、トラブルが発生したときに顕著に表れます。

多くの職場では、「安全第一」や「安全最優先」などの掲示をしてあったり、朝礼や安全会議などで、管理者が安全を最優先した行動をするよう訴えています。

しかし、トラブルが発生したときに、現場に駆け付けた管理者の最初の一言が、作業者の意識を変えてしまうのです。

現場に駆け付けた管理者は、トラブルを早く復旧することを強く意識するために、早く復旧する方法だけを具体的に指示します。しかし、安全については口にすることなく作業を進めることが多いのです。

トラブルなどの緊急作業が発生したときに、責任者が日頃持っている強い潜在意識が顕在化して、ついホンネが口に出るのです。

トラブルが発生したときの作業者は、一刻も早く復旧しようと意識して作業しているのですから、この気持ちに追い打ちをかける必要はありません。

管理者はまず、安全に作業する方法を具体的に指示した後、作業方法について指示をすることが、安全最優先は管理者のホンネであると受け止められて、作業者の安全意識を強くすることに大変役立つのです。

現場に駆け付けたとき、「早く復旧せよ！」でなく「安全に作業せよ！」の、最初の一言が決め手になることを忘れてはなりません。

また事故が発生したとの第一報を受けたときに、「設備は破損しなかったか？」とか「品物の損傷はないか？」などではなく、「ケガはなかったか？」の第一声が、ホンネで安全最優先の管理をしている証しになるのです。

六　職制を機能させる

日々の巡視の都度監督者に安全の指摘

事業場全体の設備補修を担当している課の課長が、人事異動で代わりました。

その課は、以前から毎年のように休業災害が発生していたのです。

どこの事業場でも、現業部門の課長が生産状況や作業の状況などをチェックするために、毎日一～二回は現場を巡視するのが普通です。

着任した新任の課長も毎日時間があれば現場を巡視しましたが、この巡視の際に安全面についても必ずチェックし、事務所に戻ると、事務所にデスクを持っている上級監督者の誰かに「君が担当している職場の△△が不安全だから、すぐ改善しておくように」といった具合に、必ず安全面についても指摘するようにしたのです。

すると上級監督者たちは「自分が担当している職場について指摘されないように」との思いで、日頃から安全面についても職場の実態をチェックして改善するようになったのです。

この課長が着任してからはゼロ災害が長年続いています。

日々の実績報告は安全の報告から

いろいろな職場安全活動を積極的に進めて、長年にわたってゼロ災害を続けていた現業課で、ちょっとした不注意によって機械に指先をはさまれた災害が発生しました。

課長は、安全行動が定着していないことに大変ショックを受けたのです。

「どうすればよいか」と相談を受けた筆者は、作業者の安全意識を急速に高めるために、事務所に机を置いている上級監督者に対して、毎日の自職場の状態を安全の目でチェックして、毎日一つだけでよいから指導させることを勧めました。

これをすべての上級監督者に実践させるために、それぞれの上級監督者が課長に対して、毎日行っている生産実績の報告前に、ワンポイントでよいから安全について、指導したり改善したことを報告させるようにしたのです。

素線が切れたワイヤロープを処分させたとか、溝の蓋が外れていたので直させた、ガス溶接セットのガス洩れ点検用の石鹼水がなくなっていたので補充させた、誰々の不安全行動を見つけたので是正指導したなど、ささいなことでもよいので毎日報告させることによって、すべての監督者が職場の毎日の実態を安全の目でもチェックするようになったのです。

課長とともに、この上級監督者の安全に対する毎日の目配りと指導が、作業者の安全意識を高めて、安全に心掛けた行動の定着に役立ったので、その後ゼロ災が長年続きました。

このように、日々の職場の実態を安全の面からチェックして、問題を見つけることを続けることが、監督者や作業者の危険に対する感受性を高めることにも寄与するのです。

報告されたヒヤリ・ハット対策の実施状況を自ら確認

報告されたヒヤリ・ハットに対して対策を決めているものの、この決めた対策が確実に実施されていないといった実態を、多くの事業場で見かけます。

ヒヤリ・ハット報告活動に熱心に取り組んでいる事業場のある部長が、対策も入ったすべてのヒヤリ・ハット報告書に目を通して、対策が不十分と感じたものや、キチンと対策を実施しなければならないと感じたものをメモしておき、現場を巡視したときに「対策が適切か？　確実に実施されているか？」をチェックして必要な指導をしています。

このことが、それぞれの職場において再発防止対策を確実に実施することに寄与して、みんなの安全意識を高め、同じヒヤリ・ハットを繰り返すことなく、災害のない職場づくりに大変役立っているのです。

何事も実践を徹底するためには、所属長自身が実態を確認して、根気よくフォローアップすることが欠かせません。

七　トラブル時こそ監督者はリーダーシップを

ある職場で、小型の積載型トラッククレーンで、鋼材を荷台へ積み込もうとしたとき、ブームを傾け過ぎたために過加重の状態になり、トラッククレーンが横転しかかって、つり荷が地面に着いた状態になったのです。トラッククレーンは横転していないものの、つり荷の重さによって傾いたままで、今にも横転しそうな危険な状態でした。

三人の作業者が、それぞれ思い思いの作業をしており、一人の作業者はつり荷側にあるクレーンの操作ハンドルを操作して、巻き上げや巻き下げをしながら、トラッククレーンを起こそうとしていました。

他の作業者は、他の職場から移動式クレーンを借りてきて、トラッククレーンを起こそうと試みていたのです。

監督者は指揮をするわけでもなく、作業者と一緒になって作業しており、大変危険な作業の連続でした。トラブル処理作業の指揮者不在による、思い思いのチグハグな作業でした。

最終的に、けががなく復旧作業が終わったものの冷や汗ものでした。

当然この監督者は、監督者として失格であり、他の作業でも同様に指導力がなく、教育してもリーダーシップが望めないために、その後役職を解任されたのです。

この監督者にとって解任は不幸なことですが、職場の人たちにとっては、けがをしてからでは取り返しがつきませんから、安全の実力を持った監督者の下で働く方が幸せなのです。

これは極端な一例ですが、トラブル時こそ監督者は強力なリーダーシップを発揮して、統率のとれた作業をさせなければならないという、厳しさが求められていることを忘れてはなりません。

管理者は、部下に対する温情を持ち続けなければなりませんが、適在適所に対する決断もしなければなりません。

八　実作業における適切作業指示の実力を高める

適切作業指示手法の開発

かつて、筆者が製鉄所の安全管理をしていた頃、一〇〇人余の全監督者に対して安全ポイントを入れた作業指示の能力を高めるために行った訓練についてご紹介します。

当時は、事業場の災害は年々減少してきたものの、トラブルが発生したときや臨時作業での災害が目立っていました。とりわけ、監督者が立ち会っていながら、安全ポイントを指示していないばかりでなく、作業中も適切な指揮をしていないことが目立ち、さらに監督者の指揮下で災害が発生したこともあり、監督者の安全に対する指導力の不足にいらだちを感じました。

そこで、事業場の全監督者を集めて「トラブル時には、安全について具体的に指示をせよ」と叱咤したのです。しかしその一方で、「しっかりせよ！　と気合いを入れるだけではまずい。安全ポイントを入れた適切な指示の仕方を示して、指示能力を高めてあげるのが、管理者である自分の役割ではないか」と自己反省をしたのです。

当時、トラブルなどの緊急事態が発生したときに、監督者が行うべき対応方法を克明に

災害分析からの問題点

	原因の項目	発生率（%）
よ	1.作業の方法･手順不良	(21.4)
い	2.作業位置不良	(21.4)
し	3.作業指揮者不明瞭	(11.9)
か	4.確認なし	(22.6)
か	5.連絡合図が不十分	(10.7)
	6.保護具の不使用	(4.3)
	7.道工具の不良	(2.4)
	8.操作禁止札の不使用	(1.2)
	9.設備的欠陥	(3.6)

解説したものが出版物としてありましたが、覚えておくことができませんし緊急時ですから、解説書を見ながらという時間的余裕はありません。

そこで緊急時に、書き物を見ないでも思考誘導によって、安全ポイントを入れた適切な指示ができる道具が必要だと考え、事業場で過去に発生した災害を分析して、原因の多いものを頭文字で覚えやすいように、九一頁で紹介した「よいしきか」による、適切作業指示の手法を開発したのです。

そして、すべての監督者に対して、この適切作業指示能力を高めるための訓練に取り組みました。

まず集合訓練

事業場の現業課ごとに適切作業指示の訓練リーダーを養成して、このリーダーがそれぞれの課の監督者に対し、作業指示訓練用のイラストシートを使って、毎回十五～二〇人ずつ集合訓練をしました。

しかし、この集合訓練だけでは、適切な作業指示ができる力を付けることはできないので、集合訓練に引き続いて、作業現場に出向いての訓練を繰り返して行うことにしたのです。

テーマ事前設定型訓練

あらかじめ指定しておいた職場に出向いて、適切作業指示訓練を見せてもらう巡視を毎月二～三回繰り返しました。この訓練巡視には、現業課の訓練リーダーを数人ずつ相互乗り入れによって参加させたのです。

毎回数職場を選んで、訓練をしてもらう日と、職場に赴く時刻を予告しておいたのです。巡視を受け入れる職場では、監督者が自職場の作業の中から訓練をする作業を決めて、あらかじめ適切作業指示の練習を繰り返し行っておき、巡視時にテキパキとした適切な作業指示を演技してくれました。

訓練が終われば、相互乗り入れで参加した他の職場の訓練リーダーにも、それぞれコメントさせたのです。

訓練リーダーにもコメントさせることにより、それぞれが訓練を真剣に観察して、良い点や改善すべき点を考えるので、これが所属している自分の課の監督者への指導に役立ったのです。この訓練を、事業場のすべての監督者に対して順次行いました。

テーマ即場設定型訓練

テーマを事前に設定した訓練を一年余り繰り返したことによって、ポイントを押さえた作業指示の実力が高まりました。しかし、これでヨシにはできませんでした。

現場では、日頃いろいろな非定常作業や緊急作業が生じますから、それぞれの作業に応じた適切な作業方法と安全ポイントを即座に考えて、適切な指示をする能力を高めておくことが必要です。

とりわけ緊急作業が発生したときは前記したように、責任者は作業者の能力を勘案して、その場の状況に応じた適切な作業方法と安全ポイントを即座に組み立てて、ダイナミックな指示をしなければなりません。

そこで、テーマ事前設定型訓練から、テーマ即場設定型訓練に変えたのです。すなわち、訓練巡視をする対象職場ごとに巡視時刻だけ予告しておいて、巡視時に訓練するテーマは、筆者が現場に出向いたときに、その現場で生じるであろう非定常作業から訓練テーマを筆者がその場で決めて監督者に示し、三〇秒程の思考時間を与えてから、作業指示をさせることにしたのです。

このような訓練を、さらに一年余り続けたことによって、すべての監督者が適切な作業指示ができるようになったのです。

一つの施策について、すべての監督者に対する実践力を付けるには、大変な根気と努力が必要だということを体験しました。

かねてから、ライン主体の安全管理が強調されていますから、このようなすべての監督者のレベルアップのための実務訓練をすることは、現業部門の管理者に必要な心掛けでもあります。

九　日頃の実態に目を向けて三ナイ管理を

不安全行動を黙認シナイ

他の人の作業を見て不安全だと思っても、人間関係が悪くなるからとか、けがをすることはなかろうなどと思って、つい見逃してしまうことがあります。

これくらいのことと思って黙認していると、作業者は不安全な行動を気にすることなく、当たり前でないことが当たり前の行動になってしまい、いつかは災害が発生して反省しなければならなくなります。

ささいな不安全行動であっても見逃さないで、その場で注意を与えることが当たり前になる風土づくりが大切です。

管理者や監督者には、日頃の不安全行動を絶対に黙認しない厳しさが求められます。

ある大規模な建設現場から講演の依頼があり、伺うことになりました。

駅まで迎えにきてくれた元請けの現場所長の車に同乗して、現場に向かいました。

現場の入口近くに平屋建ての工場を建設しており、七人の作業者が屋根葺き作業をしていました。周囲に親綱を張っており、全員が安全帯を使用していたのです。

私が車中で「みんなが安全帯をキチンと使用していますね」と述べた感想に対して「この現場では、安全帯の使用は定着しました」との所長の言葉を聞いて、率直にすばらしいと感心しながら、奥まった所にあるプレハブの事務所の二階に案内され、所長から工事の説明を受けました。

三〇分ほどして、ふと窓から現場を見ると、誰も安全帯を使用していないので驚きました。

多分、元請けの所長は一次の協力会社の責任者に「何時何分ごろ講師が到着するから、安全帯をキチンと使用するように！」と指示を出し、一次の協力会社の責任者は二次の協力会社の責任者に、二次の責任者は三次の責任者にと順次指示し、さらに作業者にも同じ指示をしていたのでしょう。

作業者は、筆者が通り過ぎたことを確認したから、普段どおりの状態に戻って安全帯を外したのは明白です。

建設現場には、元請けの現場所長や職員と、一次や二次・三次などの協力会社の責任者が常駐しているのですから、日頃から安全帯の不使用を黙認しないで指導することが大切です。

管理者や監督者が、不安全な行動を黙認すればそれを認めたことになり、安全配慮義務を果たしたことにならないので「黙認は認知である」ということを自覚しなければなりません。

言い訳に妥協シナイ

回転しているロールの安全カバーを取り外して、低速で回転させながらロールの手入れをしている作業者を指導したとき「安全カバーを取り外さなければ、ロール表面の手入れがしにくくて時間がかかる。ロールに巻き込まれないように注意しているから大丈夫です」などと、言い訳されることがよくあります。

このように、不安全な行為をしているのに気付いて注意しても「こうした方が早くできるから」とか「こうした方が作業がしやすいから」などと言い訳をされると、作業の実態をよく知っている責任者であれば「まあいいか」と妥協してしまいやすいのです。

とりわけ不安全な行為は、作業優先で安全軽視の意識によるものですから、安全な作業方法に改めさせることは難しいのですが、どのような理由であっても不安全行為には妥協しないで、改善させなければなりません。

しかし「規則やルールはこうだから駄目だ！」などと、一方的に不安全な作業をやめさせようとしているだけでは、作業者の反発を招きやすいのです。

安全の確保ができて作業がしやすい方法を、具体的に提示することが説得力になるのです。「言い訳に妥協するのは、自分に指導する力がない証拠」と自分に厳しく言い聞かせて自己研鑽をし、安易に妥協しない職場管理を心掛けたいものです。

不安全な状態を放置シナイ

安全柵が破損しているとか、機械を駆動するカップリングの安全カバーが破損している、溝の蓋が外れているなど、職場ではさまざまな不安全な状態が生じることがあります。始業前などの安全点検で、不安全な個所を発見することもあります。

しかし不安全な状態に気付いても、作業には支障がないために、そのうち手直しをしようと思って、すぐ改善しないで放置してしまうことがよくあります。

災害はいつ発生するか分かりません。大切なのは、不安全な状態に気付けばすぐ処置するといった、クイックアクションを心掛けることです。

ある事業場の安全診断で、両頭グラインダの左側のと石とワークレスト（受台）の隙間

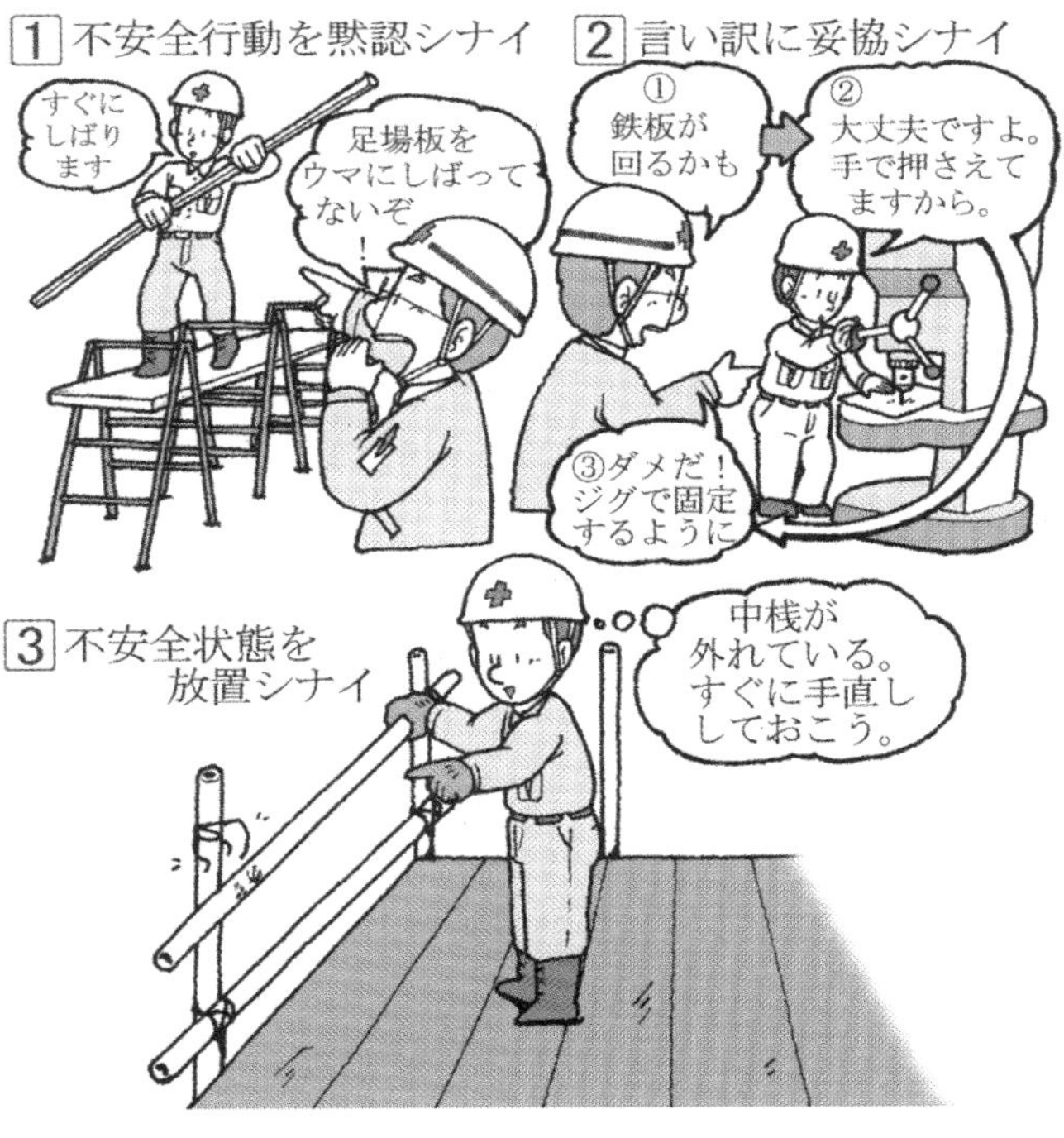

日々の作業中は３ナイ管理を

が、三〇ミリメートル以上開いているのが目にとまりました。

同行した職場の管理者に指摘すると「一週間前の安全巡視でも指摘されました」という無責任な返答に唖然としました。

と石とワークレストの間に被研削物がかみ込んで、と石が破損すると大変大きな災害になるので、三ミリメートル以下に保たなければなりません。

スパナを借りて、その場で手直しをしようと思ったのですが、ワークレストの取り付け部が破損しているために、直ちに手直しできない状態でした。

そこで、用紙に赤い色のフェルトペンで「左側使用禁止」と書いて、左側のと石の安全カバーに張りつけて、早く修理するようにと指摘したことがありました。

直ちに元通りの状態に復旧できない場合は、取りあえずできる安全対策を実施することが大切です。

高所の作業床の端に柵がない状態は放置できません。直ちに柵を取り付けたいのですが、材料の手配や柵の製作と取り付けに時間がかかりますから、柵を取り付けるまでは、取りあえず丈夫なロープを少し内側に張り注意表示をして、作業者に注意喚起をすることにより、当面の安全確保ができます。

災害は待ってはくれません。安全対策は、取りあえずの対策でもよいから即実施することが欠かせません。

「不安全状態に気付いたときが改善するとき」を心掛けたいものです。

職場のみんなもお互いに三ナイ活動を

管理者や監督者による三ナイ管理に加えて、作業者レベルでも「三ナイ活動」に取り組むことが大切です。

お互いに不安全な行動には一声かけ合ったり、作業性と安全の確保が両立する方法を考え合ったり、不安全な個所をロープで囲ったり表示したりなど、自分たちですぐ実施できる安全対策を考え合う風土づくりが大切です。

一〇　個に目を向けて底上げを心掛ける

災害ゼロを続けるには、すべての職場、すべての人の安全水準を高めなければなりません。

安全活動に工夫を凝らしながら積極的に取り組んでいる職場や、常に安全に心掛けて作業している人は心配しなくてもよいのですが、災害の発生を危惧しなければならないのは、安全に対するレベルが低い職場や人なのです。

災害ゼロを続けるには、安全に対するレベルが低い職場や人を、どのようにレベルアップするかが決め手になります。

管理者は、個々の職場や個々人に目を向けて、レベルが低い職場や人に対して、底上げのための指導をすることが欠かせません。

十一　問いかけ指導でどうあるべきかを気付かせる

管理者や監督者の指示や、作業前のKY活動で決めた行動目標、取り決め事項その他、安全配慮すべきことを作業中に意識させ、さらに行動の中で出会う危険に留意しながら、常に安全な行動をする人づくりが大切です。

そのために管理者が、一人ひとりの安全を心から願う気持ちを込めて、問いかけによって指導することが大変効果的です。

多くの事業場で行っている安全衛生巡視は、不安全な行動や不安全な状態はないかといった、現象のチェックと指導にとどまっていることが多く、不安全な現象について、その理由も聞かずに一方的に指摘し、指摘された作業者は詫びて是正します。しかし作業者は、改善しなければならないと本音で悟っていないので、少し時間が経つと作業にのめり

問いかけによる対話型指導は
作業中の危険感受性を高める特効薬だ

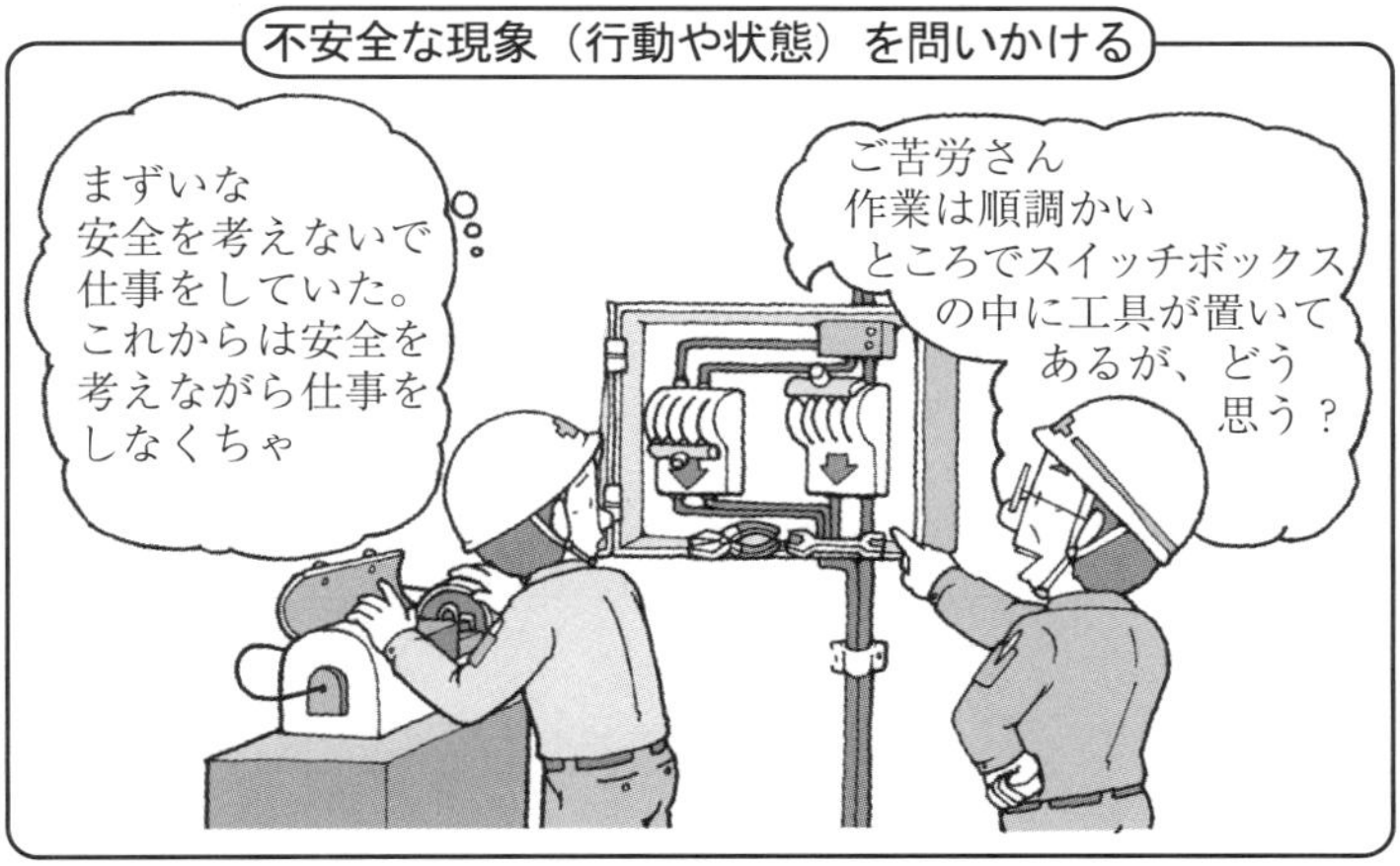

問いかけ指導は自身が作業を見ながら危険要因を洞察してから

問いかけてもよいタイミングを見計らって、まず労いの言葉をかけ、次に仕事の進捗状況などを少し聞いてから問いかけを！

問いかけ指導は、作業中の安全意識を高め、
よい人間関係づくりにも大変役立つ

込むなどによって安全配慮を忘れ、再び同じような不安全な行動を繰り返してしまいやすいのです。

筆者が、事業場の幹部による定例の安全巡視を「問いかけパトロール」と称して開発した、不安全行動や不安全状態の現象に対する是正指導に加えて、作業者の作業中の安全意識を問いかけによってチェックして是正指導する「問いかけ指導」が、中災防で「問いかけKY」と名付けられて多くの事業場に導入されています。

管理者は、極めて危険な行為には、毅然とした態度で厳しく叱ることが必要です。

しかし不安全な行動や状態の現象には、問いかけによって「やっぱり改善しなければいけない」「どのようにしなければならないか」を考えさせて気付かせるとともに、安全配慮すべき事柄を意識しているかを問いかけによってチェックし、意識していなければ思い起こさせるように、心を込めて導き指導することが安全作業を定着させることに大変役立ちます。

この問いかけは、作業に支障をきたさないよう問いかけてもよいタイミングを見計らって、明るくねぎらいの言葉をかけてから行い、安全配慮を意識していなければ、問いかけによって「どうあるべきか」を具体的に考えさせ、意識していれば激励します。

問いかけ指導は従来の一方的な指摘と異なり、対話を通じて個々人の安全に対する意識レベルが把握でき、お互いの良い人間関係づくりにも格別役立つとともに、個々人の作業中の危険に対する感受性も高めます。

十二　教育に派遣するときは課題を

安全教育に派遣された受講者には「上司から参加を指示されたから」とか「受講する順番がきたから」などといった理由だけで参加している監督者があり、何かを得ようとの意欲が乏しいことに失望することがあります。

安全教育を受講させる前後は、上司による動機づけが大切です。

安全教育への参加を指示するときに、何を学んでくるかといった課題を与えれば、学ぶ気持ちを持たせることに役立ちます。

そして研修を受けた後は、学んできたことから、今後どのようなことをどのように職場で生かすかについて簡潔に記入した実行計画を提出させて、その後の実践状況をチェックして、フォローアップすることが教育の成果を高めるのです。

十三　知識・見識・胆識を

災害ゼロを続けるには、日々の仕事の中で生じる問題を適切に改善しなければなりませんが、とりわけ管理者に必要なのは、知識と見識に加えて胆識ではないでしょうか。

管理者には、法律の定めと安全管理活動のあるべき姿を知り、日々の現場の状況から安全上の問題を洞察する力と、すぐれた判断力を身に付けることが欠かせません。

そして問題を解決するための胆識、すなわち「必達目標を掲げて、何としても成し遂げようとする精神力と勇気を持って、部下を指導するとともに、上司や関係者を説得して、推し進める気力」が必要なのです。

第五章　安全スタッフに必要な心掛け

一　職場任せの安全管理活動

かねてから、ライン主体の安全管理が強調されて、現業部門が責任を持って、自主的な安全管理活動を進めることが求められたことにより、安全スタッフは、安全活動にはできるだけ干渉しないで、現場任せにした方がよいといった考えが広まりました。

事業場の安全スタッフの方に、取り組んでいる安全活動を、それぞれの職場でどのように実践しているかを伺うと「事業場としては方針を示すだけにしており、個々の職場の実態に合わせた取り組みをさせているので、具体的なやり方は職場に任せている」といった説明をされることが意外に多いのです。

安全スタッフが計画して、災害防止団体などが行う研修に多くの監督者やリーダーを派遣して、研修を受けた後は職場ごとに、研修を受けた人たちが思い思いのやり方で実践しているのです。

ところが、それぞれの職場における安全活動の実態を見ると、日々の作業の安全先取りに生かすための工夫をしている職場もあれば、ほとんど工夫することもなく教えられた通りのやり方にとどまっている職場も見られます。

このように、それぞれの職場に任せてしまっていてよいのでしょうか。

二　あるべき姿の基本を示す

かねてから、中災防をはじめ各災害防止団体が研修会などを開催して、安全管理や各種の安全活動手法について具体的に教えてくれているのは、企業にとってありがたいことです。積極的に受講してノウハウを吸収したいものです。

これらの研修で学んだ事柄は、まずそれぞれの職場で教えられた通り実践してみることです。この実践の中で、それぞれの職場の特性に合わせて、どのようなやり方にすれば、より災害の防止に役立つかを工夫することが大切です。

安全スタッフは、安全に対するレベルが低い職場に対して、レベルアップするための具体的なやり方を示してあげることが大切です。そのためには、検討チームを編成して事業場として安全活動のあるべき姿を検討したり、それぞれの職場で工夫したやり方の中から、他の職場でも実施すればよいやり方を事業場として取り上げるなどによって、各職場に共通する活動の基本として定めればよいのです。

いろいろな安全活動手法を職場任せにすると、どうしてもレベル差が生じますから、事業場として職場の特性と実力を勘案して、活動の「あるべき姿」の基本を定めて、底上げのための個別指導をすることが大切です。

三　危ない仕事はするな・させるな

トラブルが発生したときに「早く処置しなければならない」といった気持ちが先走って、とっさに危険な行動をしてけがをすることが少なくありません。

そこで多くの事業場では、トラブルが発生したときに「ちょっと待て三秒」などの合い言葉を作って、作業前にちょっと間を持って気持ちを落ち着かせ、安全配慮を考えて行動するように指導しています。

かつて事業場の災害ゼロの実績を目指していた頃、トラブルが発生したときに危険な行動をしてけがをすることが目立ったことから、筆者らは「危ない仕事はするな・させるな」を、製鉄所の年間の安全衛生管理計画のスローガンとして決めて、各職場に提示して実践の徹底を図ったのです。

効率的な仕事が
大切だが、
安全最優先だ
危ない作業は安全
を確保できる方法
を考えてから行動
することです。
知恵を発揮する
場面ですぞ
安全衛生方針
「安全はすべて
に優先する」を
行動で示し、危
険有害な要因を
排除して「危な
い作業はしない・
させない」の実践
定着を図る
○○○株式会社

それぞれの職場には危険な作業が随所にあります。このようなスローガンを提示すれば、本来業務の放棄にもつながりかねないといった心配もしたのですが、事業所長の英断の下、提示しました。

しかし職場の人たちの意識は健全でした。トップは、そこまで安全を大切に思ってくれているのかといった意識を持って、作業能率を低下させることなく、安全作業に一層努めるようになったのです。

しかし一方では、これがトップのホンネだろうかといった疑問を持つ人もいました。このような疑問を持った人がいる職場では、管理者が全員を何回にも分けて研修をし、これはホンネであるということを認識させた部門もありました。

それぞれの部門で、このスローガンに基づく実践の定着に心配りをして、安全管理を進めた結果、製鉄所の暦年無災害の実績の樹立にも貢献したのです。

みんなを信じて、安全最優先を具体的にどう実践するべきかを、ズバリ明快に示すことが成果に結びつくことを体験したのです。

四　安全軽視のコストダウンには歯止めを

かつて筆者が、製鉄所の安全衛生課長をしていた頃の体験です。厳しい不況に見舞われたために、すべての部門でコストダウンを強力に進めなければならなくなりました。製鉄所長から、資材の購買費用を下げるための独自の案を作って提出せよと、購買部門に対して厳しい指示が出されたのです。

購買部門の課長が製鉄所長に提出した節減案のリストに、一般塗料の購入をゼロにするといったことが入っており、この案を製鉄所長が即座に決定してしまったのです。

一般塗料とは、建物や設備・機械や器具・通路や置き場などの美化や表示・標識のために、職場の人たちが日常塗装するもので、生産とは直接関係のない資材なのです。

製鉄所は規模が大きいために、毎月の一般塗料の購入価格は数百万円にも上っていました。経費を節減するために最も手を付けやすい対象なのです。

このことを知った筆者は驚き、これでは安全管理に責任が持てなくなるとの思いで、製鉄所長に進言しました。

汚れたから塗装するといった単に美化のための塗装は控えるが、法律で定められた通路の表示や各種の標識、危険個所の表示などについては、今後とも続けなければ職場の安全が確保できないということを訴えて認識してもらい、これらに必要な塗料は継続して購入してもらうことにしたのです。

ただし、資材の節約にできるだけ協力するよう配慮して、通路の両側に引いている表示は実線から点線に変更したり、機械などの単なる美化だけのための塗装は控えて「掃く・拭く・拾う」運動を進めたことなどによって塗料の大幅な節約ができたのです。

企業の業績が好転すれば、予算を緩和して美化のための塗装をすればよいのです。

安全スタッフは、企業内における安全衛生の専門職としての立場から、安全対策についての問題点を改善方策も入れて積極的に進言することが大切です。

五　経営に寄与する安全衛生管理を

大規模な事故・災害が発生すると、企業の安全管理の在り方が根本から問われます。

近年は経済のグローバル化が進み、多くの企業で成果主義が強調されて、個々人の実績を重点に評価する人事制度により、チームワークで助け合って実績をあげるといった意識が薄れて、自分のことしか考えないといった風潮が、安全衛生にとってもマイナスになっているとの指摘もあります。

安全管理についても、トップが経営判断を誤らないように、現場で生じている問題を正しく進言するとともに、改善方策を提案することを怠ってはなりません。

職場に潜在する危険要因を着実に排除することにも大変効果のある、労働安全衛生マネジメントシステムを積極的に導入して、安全衛生水準を高め災害ゼロの継続に結びつけたいものです。

安全衛生マネジメントシステムに取り組むことが、経営にプラスになるといった認識を、企業のトップに持ってもらうことが、安全スタッフの役割でもあります。

安全管理の在り方や職場安全活動についても一工夫して「これをやることが大切だとか、こうすることが大切だ」ということをトップに認識してもらうことが、活動を効果的に展開する上で欠かせません。

六　実践状況のチェックを

現業部門の管理者は、日々の生産や工事などの本来業務が多忙ですから、毎月の安全巡視や職場安全会議などの定例的な安全行事をこなしているものの、日々は職場の実態を安全の目でチェックすることなく、職場安全活動についても熱意と関心を示すことなく過ごしてしまいやすいのです。

ですから安全スタッフが、現業部門の管理者に対して、毎日の仕事の中で安全最優先を具体的に示す職場管理の仕方を提示したり、企業のトップから日々実践するよう指示してもらっても、すべての管理者がきちんと実践してくれるとは限りません。

安全スタッフが現場に出向いたときに、管理者にヒヤリングするとともに、自然な形で作業者に問いかけて、管理者の日々の安全指導の実践状況を把握して、実践が不十分な管理者には実践に心掛けるように助言することが大切です。

この場合に、管理者の欠点探しになってはお互いの信頼関係を損ねますから、絶対にこのような気持ちを持ってはなりません。

取り組みが低調な場合に、なぜそうなっているか、どうすれば着実に実践してもらえるかを考えて、心のこもった助言をすることが大切です。

七　重点活動の強調が大切

かつて筆者が事業場の安全管理をしていた頃に、古くから積み上げてきた、事業場全体として取り組んでいる安全活動が実にたくさんあり、その幾つかは事故や災害の防止に十分役立っていないといった問題を感じました。そこで、あまり役立っていない安全活動を整理しようとしました。

安全活動のそれぞれについて、職場における取り組みの実態を調査したところ、職場によって積極的に取り組んでいる安全活動が異なるために、取りやめる安全活動を決めることができなかったのです。ほとんどの職場で取り組みが低調である安全活動であっても、一部の職場で大変熱心に取り組んでいる活動を取りやめると、その職場の人たちのやる気をなくしてしまうからです。

結局、すべての職場で形骸化していた「私の安全心得」、すなわち一人ひとりが心掛ける安全心得を決めて記入した小さなラベルを、毎年の年始にヘルメットに貼りかえるといった安全活動だけしか中止できませんでした。

そこで逆に、従来から取り組んでいるいろいろな安全活動の中から、すべての職場で重点的に取り組むことが必要な安全活動を強調することにし、「危険予知を取り入れたリスクアセスメントを安全の先取りに生かす活動」と「クレーン運転・玉掛け作業の安全対策の推進」の二つの活動について、事業場全体に推進チームを作って重点的に展開したのです。この結果、他の安全活動への取り組みの負荷がこの二つの活動に集中できたので、各職場の安全活動がより活性化して災害の防止に大変役立ちました。

従来から取り組んできた安全活動を安易に取りやめるよりも、重点的に取り組む安全活動を決めて強調することが、事故や災害の防止に役立つことを体験しました。

従来から取り組んでいる安全活動を一工夫して、災害の防止にどう生かすかが大切なのです。

八　教育は人的資産づくり

聖域なきコスト削減のために、安全関係の費用も削減しなければならなくなったときに、安全教育を優先的に削減するといったことが行われやすいのです。かつて、外部に派遣する安全教育については、法定のもの以外はすべて取りやめてしまったり、安全関係の雑誌や書籍についても、購読を取りやめるといった事業場がありました。

安全教育への派遣を中止したりしても、直ちに安全水準が低下して危険性が増したり、事故や災害が発生するということはありませんが、一年ほど後になって安全意識とともに安全活動の水準が低下していることに気付くことになります。

しかも安全に関する雑誌などから、安全管理や活動についての新しい情報を入手しにくくなりますから、安全活動に対する取り組みが形骸化してしまいやすいのです。

大規模な企業組織では、大きな事故や災害が発生するなどといった問題が生じて、関係部門が問題意識を持つようにならなければ、いったん削減したものを復活するのは大変難しいのが多くの現実です。ですから、安全教育や情報の入手に関する削減には慎重さと知恵が必要です。

安全教育を効率的に行うために、事業場内の各部門の指導者を外部教育に派遣して、外部教育を受けた人が社内教育を組織的に進めるとか、社内に外部講師を招いて教育を行うなどによって、安全教育を怠らないことが大切です。

昔から「企業は人なり」といわれるように、「人づくりをおろそかにする企業は衰退する」ということを心しておくことが大切です。「教育は人的資産づくり」なので、これらの費用を安易にカットするのでなく、教育の効率化を考えた費用の削減方法を工夫するといった慎重さが求められます。

おわりに

約四〇年間に及ぶ私の鉄鋼会社での実務経験と、最近も全国の多くの事業場にお伺いして見聞させていただいた情報も含めて、実務に役立つ具体的な実践ノウハウを、できるだけ多くご紹介させていただきながら加筆・修正を加えました。

安全管理を担当していた時代に、発生した災害の類似災害は何としても防止しなければならないとの思いや、その時々に生じたいろいろな問題を解決するために、夜も眠れないくらい苦悩した中から、安全管理や安全活動の在り方を工夫し実践してきた事柄を、走馬灯のように次々と思い出す昨今です。

私は常に、理屈より毎日の仕事の中に組み込んだ実践、書類偏重から現場第一主義、災害ゼロの実績に直接寄与する安全管理活動を念頭においてきましたが、いろいろ失敗したこともありました。その一方で、現業部門や製鉄所さらには会社全体のそれぞれが、創業以来初めて暦年無災害の実績を残すことができた喜びも、忘れることのできない思い出になっています。

読者の皆さんから、本書の内容は次元が低いと思われるかもしれませんが、何らかのヒントを得て、災害ゼロを続けるための日々の実践に役立てていただければ幸いです。

本書の初版とともに今回の改訂出版についても、中央労働災害防止協会の出版事業部出版課長の五味達朗氏には、編集から校正など細部にわたって、格別のお力添えをいただき、さらに今回の改訂について、同課の新庄加苗出版係長にも同様に大変お世話になりました。厚くお礼申し上げます。

参考文献

樋口　勲『安全管理の現場力』中災防新書
菊池　昭『経営に活きる安全衛生マネジメント』中災防新書
田辺　肇『ゼロ災でいこう　ヨシ！』中災防
鎌形剛三『エピソード安全衛生運動史』中災防新書
柳田邦男『フェイズ3の眼』講談社
川口　巌『災害ゼロへの挑戦』清文社
黒田　勲『安全文化の創造へ』中災防
中央労働災害防止協会編『安全の指標』中災防
小著『安全衛生計画のたて方と活かし方』中災防
小著『基礎からわかる作業手順書』中災防
文中のイラストおよび表、図は清文社刊　小著『職場安全活動の知恵と工夫』『ヒューマンエラーを防ぐ作業心得』『ゼロ災害に役立つ安全活動の進め方』他の小冊子より抜粋

危険感受性をみがく
—ライン管理者の実践ノウハウ—　　中災防ブックス 005

平成 30 年 4 月 27 日　第 1 版第 1 刷発行

著　者　　中村　昌弘
発行者　　三田村憲明
発行所　　中央労働災害防止協会
〒108-0023
東京都港区芝浦 3 丁目 17 番 12 号　吾妻ビル 9 階
電話　販売　03(3452)6401
　　　編集　03(3452)6209
イラスト　三国　淳
印刷・製本　㈱丸井工文社

落丁・乱丁本はお取り替えします。

ISBN978-4-8059-1804-3　C0360
中災防ホームページ　http://www.jisha.or.jp/